実践日本語表現

日本語表現

伝わる日本語を身につける

小出祥子 編

浅岡悦子　川村祐斗
鬼頭祐太　松浦照子

学術図書出版社

は じ め に

　本書は、大学で求められる日本語を身につけるためのテキストです。

　大学に入ると、高校までとは異なる環境で日本語を使用する機会が増えるでしょう。例えば、プレゼンテーションの機会が増え、自分の考えを大勢の前でわかりやすく話すことが求められます。また、教員とも、高校までの先生とは異なる関係で、会話や議論をするようになります。フィールドワークなどで、初対面の方と話すことが増える人もいるかもしれません。

　また、課題としてレポートが課されることが増え、文章だけで自分の考えを正確に説明しなければならない場面が増えます。そして、その経験を積み重ね、大学を卒業する際には「卒業論文」という形でまとまった文章を書くことが多いでしょう。

　大学卒業後の進路の1つとして、就職を目指す場合には、履歴書やエントリーシート、面接、グループワークなどによる就職試験を受けます。そこでは、日本語を使用して、自分自身を魅力的に表現し、相手に正しく理解してもらう必要があります。

　このような場面に遭遇して初めて、「人前でうまく話せない」「言いたいことはあるのに、言葉が出てこない」「何から書けばいいのかわからない」「わかっているのに説明できない」と悩み、実は日本語を使いこなすのは難しいと気づく学生を多くみてきました。

　しかし、このように日本語の使い方に悩むのは、あまり不思議なことではありません。なぜなら、大学入学以前に、このような日本語の使い方を身につける機会がほとんどないからです。

　大学で求められる日本語は、トレーニングで身につけることのできる「スキル」です。どのような表現を用いればよいのか、何をどのような順番、方法で説明すればよいのかなどを学んでいきましょう。そして、トレーニングを繰り返していきましょう。

　本書は、そのように日本語を学ぶのに最適なテキストです。テキストの内容を暗記するだけでなく、実際の生活の中で日本語を使いこなせるようになることが重要です。そこで本テキストでは、豊富な問題演習を用意しました。皆さん自身が考えながら、日本語を使っていけるように工夫された問題がたくさんあります。また、インタビューなどの活動も取り入れました。活動自体が、実践的な日本語を使うトレーニングになるような構成になっています。

　このテキストが、皆さん自身や、皆さんの経験、考えを、正確にわかりやすく伝えるための助けになることを願っています。

本テキストの使い方

○本文には、以下のようなアイコンが使用されています。

 本アイコン：関連する章・節を示しています。

 ノートアイコン：対応する問題演習ページを示しています。

○問題演習ページには、以下のようなアイコンが使用されています。

パソコンアイコン：サイトから同じ形式のページをダウンロードすることができます。プリントアウトして学生に配布することで、同じ活動に何度も取り組むことができます。

一覧：

https://www.gakujutsu.co.jp/text/isbn978-4-7806-1096-3/support.html

本テキストを採用してくださる先生方へ

　本テキストを利用して指導される際のサポート資料をご用意しています。

　問題の解答例、解説などをお示ししています。ご利用をご希望の方は、お名前・担当授業をご明記の上

メールフォーム：

https://www.gakujutsu.co.jp/text/isbn978-4-7806-1096-3/mailform.html

までご連絡ください。

も く じ

問題演習

自己紹介

- ・自分の特徴を分析しよう
- ・伝える内容を詳しく説明しよう
- ・人前で話すときの注意事項を知ろう

　新しい生活が始まります。初めて会った人、新しいクラスのメンバーに、自分のことを紹介してみましょう。大学の中だけでなく、社会に出てからも様々な場面で自己紹介する機会がこれからたくさんあります。あなたを相手に印象づける、上手な自己紹介の方法を学びましょう。

1. 自己分析

　「私」はどのような人でしょう。生まれてから様々な経験をして今日まで生きてきました。一人ひとり性格も、趣味もいろいろ違うでしょう。また、中には高校のクラブ活動などで同じ体験をした人がいるかもしれません。自分のことを振り返り、自分の特徴を書き出してみましょう。

　自己紹介は、自分を知ることから始まります。自分のことは案外自分ではわからないものかもしれません。そのようなときには家族や友達に聞いてみるのも1つの方法です。

　自分を見つめることは、大学入学の時の自己紹介に役立つだけではありません。自分の人生を決めるような場面でも大事なポイントです。自分がどのような性格の人間か、何に向いているのかを知ることで、より望ましい方向に進むことができるでしょう。身近なところでは、就職後のミスマッチを防ぐ、最も有効な手段でもあるのです。

[　📖　参照：12章　就職活動における日本語表現]

1.1. 自己分析のポイント

　自分のことはよくわかっているつもりですが、改めて紹介するとなると、何について話してよいか迷ってしまうでしょう。そこで、まず、いろいろな点について、自分のことを振り返ってみましょう。

[→　📖　問題演習 P.1]

例

長所・短所	趣味・特技	出身高校	高校時代の部活など
熱中していること	好きな食べ物	好きなスポーツ	好きな音楽
好きな映画	行ってみたいところ	住んでいるところ	将来の夢
これからやりたいと思っていること		こだわっていること、もの	

1.2. 話す内容を整理する

　いろいろな情報をただ並べるだけでは、聞いている人の印象に残りません。いくつかある自分の特徴の中で，２つか３つに絞ってみましょう。そして、１つの項目ごとに、エピソードを交えて話す内容を組み立てましょう。そうすることによって、聞いている人にイメージを浮かべてもらいやすくなります。

よくない例

　私は桜花花子と言います。血液型は〇型で、趣味は音楽鑑賞です。〇〇高校から来ました。吹奏楽部に入っていました。名古屋に住んでいて、２人姉妹です。お母さんとショッピングに行くのが好きです。好きな食べ物は焼肉です。人見知りなので声をかけてください。

　10個の情報がばらばらに並んでいます。これでは相手にいい印象を持ってもらえないでしょう。
　→ポイントを絞りましょう。部活動のことに絞って改めると次のようになります。

よい例

　私は桜花花子と申します。〇〇高校の吹奏楽部で、クラリネットを吹いていました。最初は全くの初心者でしたが、全体練習が終わった後、先輩が親切に教えてくださったおかげで、２年生の夏にはパートリーダーを任されるほどにもなりました。クラリネットは安定した音を出すことが難しい楽器ですが、肺活量を鍛えることで、次第に上達していったように思います。また、ほぼ毎日の練習も、高校生活の大部分を占めていたので、勉強との両立がとても厳しかったですが、今では良い思い出です。
　大学でも吹奏楽部に入ろうと思っています。吹奏楽に興味のある人は一緒に頑張りましょう。よろしくお願いします。

---

2. 場所にあった声の出し方

　自己紹介で話す内容を吟味して、いい内容の話をしようと思っても、相手に聞こえにくかったり、態度がよくなかったりしては相手にいい印象は持ってもらえません。そこで、自己紹介する場面を想定して、注意すべき事柄を述べていきます。

2.1. 姿勢・目線を考えましょう

　多くの場合、自己紹介をするときは立って行います。人前に立った時、うつむいていたり、

目線が合わなかったりしては、内容が相手（その場にいる人）に効果的に伝わりません。背筋を伸ばして相手の目を見て、語りかけるように話しましょう。会場の左右を見渡すことも肝心です。一人ひとりと目を合わせられたら最高です。

2.2. 声の大きさ、発音の明瞭さを心がけましょう

　まず、会場の大きさ、マイク設備の有無を確認しましょう。部屋にいる人の一人ひとりに聞き取りやすい大きさの声を出す必要があります。聞こえなくては、いくらいい内容の話でも相手に通じません。

聞き取りやすい声を出すポイント

> ① 腹式呼吸の練習をする。
> ②「ア・エ・イ・ウ・エ・オ・ア・オ」などで、口の開き方の訓練をする。
> ③ 早口言葉などで、口、唇、のどの訓練をする。

2.3. 前に出て自己紹介してみましょう

　それでは実際に自己紹介をしてみましょう。

①　クラスのメンバーの自己紹介を、メモを取りながら聞きましょう。

[→ 問題演習 P.3]

②　クラスのメンバーが自己紹介しているところを評価してみましょう。

[→ 問題演習 P.4]

　アドバイスシートにある評価項目は以下の通りです。

姿勢	背筋を伸ばしてまっすぐ立ちましょう。
目線	その場にいる人と目線を合わせるように、会場の周りを見ながら話しましょう。
声の大きさ	会場の広さに合わせて声の大きさに注意しましょう。
話の構成	話題があちこちに飛んだりせず、流れがスムーズに進むようにしましょう。
話のポイント	2つか3つのポイントに絞って詳しく話しましょう。
よかったところ	いいと思ったところを指摘してあげましょう。
直した方がいいところ	これからも自己紹介する機会があるでしょう。その時のために気づいたところを教えあいましょう。

POINT

・自分の特徴をいろいろな角度から分析する。
・話すポイントを絞って、エピソードなどを交えて詳しく話す。
・会場の大きさ、人数に合わせて声を出し、目線にも注意して話す。

【参考文献】
松浦照子　編（2017）『実践　日本語表現　短大生・大学1年生のためのハンドブック』ナカニシヤ出版

02 新聞の読み方

・新聞の構成を知ろう
・新聞の記事の構成を知ろう
・新聞の記事の要約をしよう

　この章では、新聞の読み方と記事を要約する方法を学びます。

　新聞には、様々な分野の話題が取り上げられています。それらの記事を読むことで、社会で起こっていることに興味を持ち、身の回りにアンテナを張ることができるようになります。また、語彙量や知識量を増やすことができます。わからない単語に出会ったら、調べる習慣を付けましょう。

　さらに、記事に対して自分の考えをまとめることで、思考力を鍛えたり、興味を持ったテーマに合わせて記事をスクラップすることで、探求心を深めたりすることもできるでしょう。複数の新聞を比較して報道の違いを知れば、客観的な判断力を身につけることもできます。ここでの学習をきっかけにして、新聞を読む習慣を身につけ、大学生として求められる様々な力を養いましょう。

1. 新聞の構成

1.1. 一面

　新聞の一面は、以下のように構成されています。手元に新聞があれば、実際にどのように書かれているか、確認してみましょう。

[→ 問題演習 P.5]

一面の構成

題字	朝日新聞　毎日新聞　読売新聞など、右肩に四角の囲みで書いてある。
日付	
トップ記事	題字の横に大きく取り上げられている記事。
今日の紙面	主要な記事の一覧。

天気予報	
コラム	ニュース以外の記事で、書いた人の個人的な意見や分析が含まれている。朝日新聞の「天声人語」などが有名。

1.2. その他のページ

　一面以外には、次のようなページがあります。新聞によって異なる場合もあります。手元に新聞があれば、その新聞にはどのようなページがあるか、確認してみましょう。

[→ 📖✏ 問題演習 P.6]

一面以外のページ

総合	政治・経済・国際関係のニュース。その日の重大ニュースを取り上げる。
社説・発言	今、問題となっている事柄について、新聞社としての考えを述べる社説と、読者からの投稿欄で構成されている。
経済	産業界のニュースを取り上げる。
国際	アジア、アメリカなど、世界の情勢を取り上げる。
証券・金融	金融関係の情報を国内外を問わず、取り上げる。株価一覧も載っている。
文化	芸能、文化に関するニュースを取り上げる。新聞社が催し物を後援していることも多い。
地域	地域のニュースを取り上げる。
スポーツ	野球、テニスなどのスポーツを取り上げる。
健康・医療	生活に役立つ医療関係の情報、健康づくりなどを取り上げる。
社会	事件、事故など、身近なニュースを取り上げる。
テレビ　BS　ラジオ	テレビ、ラジオの番組解説などで構成されている。

2. 記事の構成

　新聞記事は、「見出し」「リード文（前文）」「本文」で構成されています。

記事の構成

見出し	記事の内容が一目でわかる究極の要約。記事の題にあたり、結論を短くまとめている。見出しの大きさで、ニュースの重要性も示している。
リード文（前文）	記事の内容をわかりやすく簡潔にまとめたもの。大きな記事の場合に、本文の前につけられることが多い。
本文	重要な内容から順に書いてある。また、記事は5W1H（When, Where, Who, What, Why, How）の要素に注目して読むことで、記事の伝えたいことが理解しやすくなる。

新聞記事は大事なことから書いてあるため、時間のないときには「見出し」と「リード文（前文）」を読むだけでも記事の概略をつかむことができます。また、内容の重要度から、新聞記事の構成は、逆ピラミッド型になっています。

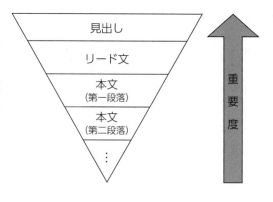

3. 要約の方法

要約とは、文章の主要な内容をまとめたものです。新聞記事の構成を確認したら、実際の新聞記事を読んで、200字程度の要約に挑戦してみましょう。わからない単語があった場合は、辞書などを使用して調べましょう。P.7の新聞記事を例として、要約の方法を説明します。

要約の手順

1　見出しに記号を振る
2　リード文を読み、それぞれの文に、内容が対応する見出しの記号を振る
3　本文を読み、それぞれの段落に、内容が対応する見出しの記号を振る
4　見出しやリード文を参考に、キーワードを考える
5　見出しやリード文を参考に、本文のそれぞれの段落で中心文を見つける
6　中心文を繋げて、表現を整える

要約の手順1－3：見出し、リード文、本文に記号を振る

まず、それぞれの見出しにA－Eなどの記号を振ってみましょう。

次に、リード文を読み、それぞれの文の内容が、どの見出しに対応しているのか確認します。確認できたら、リード文にも内容によって見出しと対応する記号を振ります。見出しにない内容が記された文には「新」と書いておきましょう。

さらに、本文の内容も同様に確認します。まず、段落に番号を振りましょう。そして、段落ごとの内容が、見出しのどれに対応しているか読み取り、内容に対応した見出しと同じ記号を振りましょう。

[→　📖 問題演習 P.7]

部活指導　地域移行を推進

県教委有識者会議が提言へ

教員の働き方と熱意めぐり議論

学校の働き方改革を踏まえた部活動改革に関する有識者会議。4月に第4回が開かれた＝水戸市

公立中学校・高校に勤める教員の働き方改革を踏まえた部活動のあり方について、県教育委員会の有識者会議が16日、提言をまとめる。まずは休日から部活動指導を地域の民間スポーツ団体などに委ねる「地域移行」の推進を盛り込む見通しだ。

県教委が設置した有識者会議は今年2月に始まった。高校の校長やPTA県組織の代表、民間スポーツ団体の関係者、働き方改革に詳しい大学教授など11人の委員が、計4回の議論を重ねてきた。先月18日の会議では提言の素案が示された。平日は中高ともに2時間、休日は高校4時間、中学校3時間を目安とする時間短縮の徹底、1年間に参加できる（部活動の）大会数の上限設定を明記していた。

地域移行が進めば、休日に部活動を指導する教員をゼロにする目標も前倒しすることにもなる。

部活動指導に対する教員の熱意をめぐって、議論が白熱する場面もあった。地域移行の受け皿となる民間スポーツ団体などの指導者が足りず、当面は教員に頼らざるを得ない。

別の委員は「部活動指導をしたいという教員もいる。（制限が行き過ぎると）生き生きとした働き方を阻害することにもなる」と話した。

現在の2028年度よりも前倒しすることも掲げる。

も指導を希望する教員は、学校の許可を得て、地域の民間スポーツ団体の指導員を「兼職」する形で、指導に携わることになる。

その場合、労務管理はどうするのか。ある委員は兼職の勤務時間も残業時間と合わせて管理することを求め、「過労死が起きれば（部活動を）好きでやっていたのだろう、では済まない」と問題提起した。

県教委は、これらの指摘を踏まえた提言を16日に受け取った後、新たな施策を考えたり、すでに実施しているものに反映したりする。県教委の担当者は「生徒を第一に考えて、さらに地域移行する方向性を示し、検討を進めていく」としている。

全国的にも教員の働き方改革の検討が進む。スポーツ庁が設置する有識者会議は、公立中学校の休日の部活指導を25年度までにおおむね地域移行する方向性を示している。

■有識者会議で指摘された主な課題

・活動の延長を認める「大会前など」の条件を拡大解釈し、長時間の活動が常態化するケースがある
・特に中学校で大会の数が多い傾向があり、休養日が十分に確保できない
・地域移行の受け皿となる民間スポーツ団体などの指導者が足りず、当面は教員に頼らざるを得ない
・地域移行によって活動にお金がかかり、負担感を示す保護者が一部にいる
・大会運営の役員をする教員に負担が集中する

「もっと授業準備の時間を」
「生徒の別の側面見られる」

現場の教員たちにも、様々な受け止めが広がる。

「1秒でも早く改革を進めて欲しい」。県央地域の公立中学校に勤める20代の女性教諭は訴える。

この教諭は部活動の顧問をしており、土曜日はほぼ休めない。午前は部活動に、午後は平日に終わらなかった授業の準備などに充てている。昨年度に始まった新学習指導要領への対応に追われ、授業の質を上げようと試行錯誤を続ける。「授業準備に充てる時間がもっと長くほしい」と話す。

県西地域の県立高校に勤務する30代の男性教諭は、部活動では様々な学校外の大人と接する機会が増える点から部活動指導の地域移行に理解を示す一方で、その教育的効果を指摘する。「部活動ではリーダーシップを発揮する生徒をこれまで何人も見てきた。「部活動では生徒の様々な側面が見られる。そこもきちんと評価してあげたい。地域指導に携わる人と学校との間で、きちんと情報共有ができる仕組みをつくって欲しい」

（藤田大道）

（藤田大道『朝日新聞』2022 年 5 月 13 日 朝刊 21 ページ 茨城全県版）

　以上のように、見出し、リード文、本文を対応させると、この新聞記事は以下のような構成になっていることがわかります。

見出し	A：部活指導　地域移行を推進
	B：県教委有識者会議が提言へ
	C：教員の働き方と熱意めぐり議論
	D：「もっと授業準備の時間を」
	E：「生徒の別の側面見られる」
リード文	B：公立中学校・高校に勤める教員の働き方改革を踏まえた部活動のあり方について、県教育委員会の有識者会議が 16 日、提言をまとめる。
	A：まずは休日から部活動指導を地域の民間スポーツ団体などに委ねる「地域移行」の推進を盛り込む見通しだ。
本文	第 1 段落　B：県教委が設置した有識者会議は今年 2 月に……
	第 2 段落　B+ 新：先月 18 日の会議では提言の素案が示された。……
	第 3 段落　C：部活動指導に対する教員の熱意をめぐって……
	第 4 段落　C：地域移行が進めば、休日も指導を希望する教員は、……
	第 5 段落　C：その場合、労務管理はどうするのか。ある委員は……
	第 6 段落　C：別の委員は「部活動指導の仕事を取り上げないで……
	第 7 段落　B+ 新：県教委は、これらの指摘を踏まえた提言を……
	第 8 段落　A：全国的にも教員の働き方改革の検討が進む。……
	第 9 段落　DE：現場の教員たちにも、様々な受け止めが広がる。……
	第 10 段落　D：「一秒でも早く改革を進めて欲しい」。……
	第 11 段落　D：この教諭は部活動の顧問をしており、土曜日はほぼ休めない。……
	第 12 段落　D：「部活動改革は教員が楽をするためではなく、……
	第 13 段落　E：県西地域の県立高校に勤務する 30 代の男性教諭は、……
	第 14 段落　E：教室ではおとなしいが、部活動ではリーダーシップを……
	第 15 段落　E：「部活動では生徒の様々な側面が見られる。……
	箇条書きリスト　B：有識者会議で指摘された主な課題

　次のような手順を踏み、要約をしましょう。

要約の手順 4：見出しやリード文を参考に、キーワードを考える

　記事の主題を表すキーワードを見つけましょう。キーワードは、見出しに含まれていることが多いものです。今回の記事では「部活指導」「地域移行」「教員の働き方」「（教員の）熱意」「授業準備の時間」「生徒の別の側面」がキーワードです。　　　　[→📖　問題演習 P.8]

要約の手順 5：見出しやリード文を参考に、本文のそれぞれの段落で中心文を見つける

　各段落の内容上の中心文を見つけましょう。関連する見出しや、リード文の内容と対応させると探しやすくなります。前後の段落のまとめや具体例が述べられているだけで、内容的に他の段落と重複している段落もあります。そのような段落の内容は、要約をする際に省略することが多いので、中心文を探す必要はありません。

　今回の記事では、以下の文が、各段落の中心文です。

第1段落	県教委が設置した有識者会議は今年2月に始まった。
第2段落	先月18日の会議では提言の素案が示された。
第3段落	部活動指導に対する教員の熱意をめぐって、議論が白熱する場面もあった。
第4段落	地域移行が進めば、休日も指導を希望する教員は、学校の許可を得て、地域の民間スポーツ団体の指導員を「兼職」する形で、指導に携わることになる。
第5段落	その場合、労務管理はどうするのか。
第6段落	別の委員は「部活動指導の仕事を取り上げないで欲しいという教員もいる。（制限が行き過ぎると）生き生きとした働き方を阻害することにもなる」と話した。
第7段落	県教委の担当者は「生徒を第一に考えて、さらに検討を進めていく」としている。
第8段落	スポーツ庁が設置する有識者会議は、公立中学校の休日の部活を25年度までにおおむね地域移行する方向性を示している。
第9段落	現場の教員たちにも、様々な受け止めが広がる。
第10段落	「一秒でも早く改革を進めて欲しい」。
第11段落	「授業準備に充てる時間がもっと長くほしい」と話す。
第12段落	「部活動改革は教員が楽をするためではなく、授業など本来の業務をおざなりにしないための改革なのだと思う」
第13段落	県西地域の県立高校に勤務する30代の男性教諭は、学校外の大人と接する機会が増える点から部活動指導の地域移行に理解を示す一方で、その教育的効果を担保する必要性を指摘する。
第14段落	教室ではおとなしいが、部活動ではリーダーシップを発揮する生徒をこれまで何人も見てきた。
第15段落	「部活動では生徒の様々な側面が見られる。
箇条書きリスト	

要約の手順6：中心文を繋げて、表現を整える

　中心文を繋げて、表現を整えれば、要約文の完成です。その際に、以下の点に留意しましょう。

> ア　記事に出てくる数字や固有名詞は、要約に必要な情報かどうか検討する
> イ　内容的に重複する部分があれば省略し、足りなければ他の部分から補充する
> ウ　指定した文字数に余裕があれば、詳細な内容も記述する
> エ　文同士の意味的な繋がりがわかりやすいように、接続詞を使用する
> オ　話し言葉の使用やねじれ文、体言止めの使用、60字以上の文がないか確認し、全体を整える　　　　　　　　　　　[📖 参照：13章　参考：文章の書き方]

　特に、新聞記事は、スペース等の関係で文字数を減らすために体言止めが用いられることもあります。要約文にする際には、体言止めにならないように文末を整えましょう。

　中心文を繋げると、以下のようになります。次に、ア、イをめやすにして、省略できる部分を削除し、足りない部分を補充します。

県教委が設置した有識者会議は今年 2 月に始まった。先月 18 日の会議では提言の素案が示された。中高とも目安時間を順守徹底することや、1 年間に参加大会数の上限を明記した。休日に部活動を指導する教員をゼロにする目標を現在の 2028 年よりも前倒しすることも掲げる。部活動指導に対する教員の熱意をめぐって、議論が白熱する場面もあった。地域移行が進めば、休日も指導を希望する教員は、学校の許可を得て、地域の民間スポーツ団体の指導員を「兼職」する形で、指導に携わることになる。その場合、労務管理はどうするのか。別の委員は「部活動指導の仕事を取り上げないで欲しいという教員もいる。（制限が行き過ぎると）生き生きとした働き方を阻害することにもなる」と話した。県教委の担当者は「生徒を第一に考えて、さらに検討を進めていく」としている。

スポーツ庁が設置する有識者会議は、公立中学校の休日の部活を 25 年度までにおおむね地域移行する方向性を示している。現場の教員たちにも、様々な受け止めが広がる。「一秒でも早く改革を進めて欲しい」。「授業準備に充てる時間がもっと長くほしい」と話す。「部活動改革は教員が楽をするためではなく、授業など本来の業務をおざなりにしないための改革なのだと思う」県西地域の県立高校に勤務する 30 代の男性教諭は、学校外の大人と接する機会が増える点から部活動指導の地域移行に理解を示す一方で、その教育的効果を担保する必要性を指摘する。教室ではおとなしいが、部活動ではリーダーシップを発揮する生徒をこれまで何人も見てきた。「部活動では生徒の様々な側面が見られる。

ア、イにしたがって、上の文章から省略できる部分を削除すると、以下のようになります。文章を整えるために補った語句は下線で示します。

県教委の有識者会議は会議で提言の素案を示した。中高とも、部活動の目安時間の順守徹底や、1 年間に参加する大会数の上限を明記した。休日に部活動を指導する教員をゼロにする目標をの前倒しも掲げる。部活動指導に対する教員の熱意をめぐって、議論が白熱する場面もあった。地域移行が進めば、休日も指導を希望する教員の労務管理の問題が生まれる。制限が行き過ぎると生き生きとした働き方を阻害する可能性もある。県教委の担当者は生徒を第一さらに検討するとした。
スポーツ庁の有識者会議は、公立中学校の休日の部活を 25 年度までにおおむね地域移行する。現場の教員たちにも、様々な受け止めが広がる。ある教員は「一秒でも早く改革を進めて欲しい」。「授業準備に充てる時間がもっと長くほしい」と話す。「授業など本来の業務をおざなりにしない」という。学校外の大人と接する機会が増える点から部活動指導の地域移行に理解を示す一方で、その教育的効果を担保する必要性を指摘する教員もいる。「部活動では生徒の様々な側面が見られる。

ただし、まだ 435 字程度あります。200 字程度の要約文にするためには、さらに大幅に文字

数を減らす必要があります。その際に、以下の点に留意しながら、もう一度、見出しやリード文を確認し、省略できる部分を探していきましょう。

> カ　見出し、リード文にない内容は、省略を検討する
> キ　文章内にさらに詳細な情報がある内容は、省略を検討する
> ク　別の表現で内容を短くまとめる

カ、キ、クにしたがって、省略できる部分を削除し、まとめると、以下のようになります。

後続部に、詳細な情報がある

見出し、リード文にない情報

県教委の有識者会議は会議で提言の素案を示した。中高とも、部活動の目安時間の順守徹底や、1年間に参加する大会数の上限を明記した。休日に部活動を指導する教員をゼロにする目標の前倒しも掲げる。部活動指導に対する教員の熱意をめぐって、議論が白熱する場面もあった。地域移行が進めば、休日も指導を希望する教員労務管理の問題が生まれる。制限が行き過ぎると生き生きとした働き方を阻害する可能性もある。県教委の担当者は生徒を第一さらに検討するとした。スポーツ庁の有識者会議は、公立中学校の休日の部活を25年度までにおおむね地域移行する。現場の教員たちにも、様々な受け止めが広がる。ある教員は「一秒でも早く改革を進めて欲しい」。「授業準備に充てる時間がもっと長くほしい」と話す。「授業など本来の業務をおざなりにしない」という。学校外の大人と接する機会が増える点から部活動指導の地域移行に理解を示す一方で、その教育的効果を担保する必要性を指摘する教員もいる。部活動では生徒の様々な側面が見られる。

後続部に、詳細な情報がある

見出し、リード文にない情報

見出し、リード文にない情報

内容を短くまとめることができる

見出し、リード文にない情報

以上を踏まえて、文章全体を整えると以下のようになります。

　県教委有識者会議は、休日の部活動を地域移行するとした。しかし、教員が地域の指導員として休日の部活動に携わる場合、労務管理の問題がある。また部活動の指導ができず、生き生きとした働き方が阻害される可能性もある。
　部活動の地域移行について、早く改革を進め、授業など本来の業務の時間を増やしたいという教員もいる。一方で、生徒の様々な面が見られる部活動の教育的効果を指摘する教員もおり、様々な意見がある。

(198字)

POINT

- ・新聞記事は、「見出し」「リード文（前文）」「本文」で構成されている。
- ・「見出し」と「リード文（前文）」を読むと記事の概略をつかむことができる。
- ・記事の要約は「キーワードを見つける」→「中心文を見つける」→「表現を整える」という順番で進めるとよい。

【参考文献】

松浦照子　編（2017）『実践　日本語表現　短大生・大学1年生のためのハンドブック』ナカニシヤ出版

03

新書の読み方

- ・他人から推薦されるのではなく、自分で本を探そう
- ・本の内容を推察できるようになろう
- ・読んだ本を紹介しよう

　大学では多くの科目を学び、新しい世界が広がっていく可能性があります。専門知識を増やし探求する喜びを日々感じていると思います。人から勧められるだけでなく、自分の力で新しい世界を探求する楽しみも格別のものがあります。

　ここでは、未知の本を手にとって、内容を推察し、新たな世界に一歩を踏み出す方法を提示します。

1.　新書を読む──本の世界を知ろう

　読書というとまず小説を思い浮かべる人が多いかもしれません。しかしここでは、教養書といわれる書籍に取り組んでみましょう。何かのテーマについて筆者の考えを展開したり、ある事柄の歴史的流れをたどったりしたものです。その中でも岩波新書、講談社現代新書、文春新書、新潮新書などといった出版社の名前を先頭につけた本（新書）を取り上げます。大学図書館でも、新書コーナーが設けられているところがたくさんあります。

1.1.　新書を読む意義

　大学では自分が専攻した専門分野について学びますが、世の中には様々な分野があります。そして、一般人向けに専門分野の内容を興味深く解説してくれている、いわば入門書のような新書がたくさんあります。専門的な勉強、研究と並行して、教養を身につけるために多くの新書に触れることも、豊かな大学生活を送るために必要なことだといえます。

2. 本の内容を推察する——あらまし読み

　皆さんの中には、読書と聞くと、堅苦しいイメージを持ってしまう人もいるかもしれません。いきなり難しい本を与えられて内容について質問されてもわからないことばかりでしょう。しかし一方で、大学では、いろいろなテーマについて調べ、考察し、レポートにまとめるという課題を課せられることがしばしばあります。そのような課題に対して、本をまず手に取るところから始め、内容を素早く推察し、あらましをつかみ、与えられた課題におおよその見当をつけることができたら、効率よく考察を進めることができるようになるでしょう。

　ここでは、このような読み方を「あらまし読み」と名付け、1冊の新書を読みこなすプロセスを紹介します。

　あらまし読みの手順を説明します。

あらまし読みの手順

⓪ 本を選ぶ。
　「旅行が好き」、「ファッションに興味がある」、「スポーツ選手が書いている」など、理由は何でもかまいません。

① 手に取った理由は何かを、簡潔に書く。
　題名や著者が気になったなど、直感的でかまいません。簡潔に書いてみましょう。

② 題名を書き写す。
　副題がついているものもあります。本の最後の「奥付」を見て正確に書きましょう。

③ 著者名を書く。
　複数の著者によって書かれたものもあります。最初の人の名前を書いて次のように書きましょう。
　例：小出祥子他

④ 著者の専門分野をプロフィールなどから読み取る。
　新書のカバーや、裏表紙に著者のプロフィールが書いてあります。それらを参考にして書きましょう。同じテーマでもアプローチの仕方が違う場合があります。例えば、日本文化のことを扱っていても、名所旧跡などを手掛かりにして書くか、外国との比較に重要性を置く立場から書くかによって、内容が変わってきます。プロフィールからそれらを推察しましょう。

⑤ 目次を見て、全体の構成をつかむ。
　目次は本の骨組みといってもいいでしょう。題名で取り上げたテーマについて、いくつの章に分けて、どのように論を組み立てているかがわかります。

⑥ キーワードを探す。
　目次や帯、ブックカバーの（出版社の）紹介文、「はじめに」などから、本の内容を説明するのにふさわしいと思われるキーワードを探し出しましょう。

⑦ 紹介文を書く。
　①から⑥のことがらから内容を推察して紹介文にまとめてみましょう。

[→ 　　　問題演習 P.13]

3. 本を紹介しよう

　まず、完成した「あらまし読みシート」をクラスのメンバーに示します。あなたはこのシートを完成させているので、とりあげた本がどのようなことを書いている本なのかが大まかにでも理解できているでしょう。

　次に、あらましをつかんだ本について、わかった範囲でクラスのメンバーに紹介してみましょう。おそらくほかのメンバーも今までには読んだことのない本の場合が多いでしょう。その本のいいところ、面白そうなところなどを紹介しましょう。あなたの紹介で、相手の人も読んでみたくなるかもしれません。また、あなたも、新しい本を手に取るきっかけがつかめるかもしれません。

POINT

・図書館の新書コーナーの場所を確かめ、手に取ってみる。
・本の内容を書名、目次、「はじめに」などを参考にしてつかむ。
・本の内容を、紹介する。

【あらまし読みシート】　見本

① あなたは、なぜ、その本を手に取りましたか。

　食レポの表現がつまらないものばかりなのにうんざりしていたので、その原因がわかると
いいと思ったから。

② 奥付（本の後ろ）にある「書誌情報」（「書名」「著者名」「発行年」など）をメモしなさい。

　書名
　　言葉にして伝える技術——ソムリエの表現力
　著者名
　　田崎真也
　著者プロフィール
　　世界最優秀ソムリエコンクールで優勝した、日本を代表するワインソムリエ
　出版社名（発行所名）　　　　　　　　発行年
　　祥伝社　　　　　　　　　　　　　　２０１０年
　新書名・シリーズ名
　　祥伝社新書

③ 目次を見て、興味のある章の見出しを1つ書き写しなさい。

　その言葉は、本当に「おいしい」を表現できていますか？

④ 題名・目次・表紙カバーの解説などから、その本を説明するのに必要な語句・表現（キー
ワード）を 12 拾い出しなさい。

① おいしい	② 常套的表現	③ 先入観	④ 味わい
⑤ ソムリエ	⑥ 五感	⑦ マイナス思考	⑧ 香り
⑨ 嗅覚	⑩ 表現力	⑪ 言語化	⑫ 五感トレーニング

⑤ 選んだ本についての紹介文を書きなさい。

　日本のワインソムリエの第一人者である田崎真也氏の著作である。最近テレビの旅番組や
名店紹介の番組の中で、料理を味わった際にレポーターが口にする言葉、いわゆる食レポに
ついての本である。よくあるのは、常套的表現ばかりで、味を表現していないという。味を
表現するには五感を研ぎ澄ませること、嗅覚も重要である。五感を磨くことで表現力豊かな
言葉が生み出されると説く。ソムリエは、多くのワインを識別する必要から、違いを「言葉」
で表現することを訓練してきた人である。その観点から、豊かな味の表現のコツを論じてい
る。

4. 比べ読み

　あなたの興味、関心のあることは何ですか？　それについて取り上げられている本を探しましょう。例えば、環境問題や、アメリカ文化のことなど、具体的なテーマを思い浮かべてください。

　大学では、専門的な知識を極めたり、広い視野からいろいろな分野についての考察をしたりする機会が増えます。1冊の本を見ただけで結論を出してしまうと、1つの意見にとらわれてしまう危険性があります。それを避けるために、ここでは似たテーマの2冊の本を取り上げて、問題の概要をつかみ、考察を深めるための手順を実践していきます。

比べ読みの手順

① 書名を比べる。
　　全体像を取り上げているか、個別の事柄から述べているかに違いがあることがあります。

② 著者を比べる。
　　著者の専門としている分野に違いはないか。同じテーマでもアプローチの仕方に違いが出てきます。

③ 出版年を比べる。
　　似たテーマを取り上げているならば、新しい本の著者は古い方を必ず見ているはずです。その意味で、著者の執筆意図を推察することもできるでしょう。また、出版年の新しい本の場合、新しい研究成果や社会的問題などが取り上げられている可能性が高いでしょう。

④ 目次を比べる。
　　目次は本の構成を表しています。何に重点を置いて構成しているかがわかります。多くのページを割いているところもわかります。

⑤ 「はじめに」を比べる。
　　「はじめに」のところには、著者が伝えたいこと、執筆の目的などが書かれていることが多いので、要点をまとめてみましょう。

⑥ それぞれの本のキーワードを比べる。
　　共通するものと、違うものを挙げてみましょう。それぞれの本の特徴をおおよそつかむことができます。

[→ 📖✍ 問題演習 P.14]

【参考文献】
　牧恵子（2014）『学生のための学び入門―ヒト・テクストとの対話からはじめよう―』ナカニシヤ出版
　松浦照子　編（2017）『実践　日本語表現　短大生・大学1年生のためのハンドブック』ナカニシヤ出版

意見文の書き方

04

- ・意見文を読もう
- ・意見文の書き方を学ぼう
- ・意見文を書こう

　意見文とは自分の経験や知識に基づいて、自分の主張や考えを述べる文章です。読み手が一読しただけで、筆者の主張や、なぜそう考えるのかが明確にわかる文章を書きましょう。

1. 意見文を読む

わかりやすい意見文とはどのようなものか、実際に読んでみましょう。

[→ 問題演習 P.15]

2. 意見文を書く手順

2.1. テーマの検討

　意見文を書く際には、テーマが示されている場合がほとんどです。何について問われているのか検討するだけでなく、単語１つひとつを掘り下げて検討します。最初に、与えられたテーマの意味を検討し、自分なりの定義づけをしましょう。

【例題】SNS を利用することで、人間関係は深まるか。

- ●「SNS」とは具体的に何か　→　LINE・Twitter・Instagram　など
- ●「人間関係」の「人間」とは具体的に誰か　→　友人・アルバイト先の人　など
- ●「深まる」とはどのような状態か　→　人間関係が「広がる」とは違うのか　など

　文字数制限の関係で、定義づけた全ての内容を意見文の中に書き込むことはできないかもしれません。しかし、自分の中で定義が曖昧なまま書き進めてしまうと、途中で言いたいことが

あやふやになってしまいます。途中で書き直しにならないためにも、与えられたテーマに関して、最初に自分の中で問われている内容の定義づけを行います。

2.2. 材料を集める

　テーマの検討を行ったら、具体例となる材料を集めます。材料とは意見文を書く際の経験や知識のことです。すでに自分の意見が定まっている場合でも、思いつく限りの材料（具体例）を集めましょう。材料を集めていくうちに最初の意見とは逆の意見になることもあります。自分の意見が曖昧な場合でも、材料を集めていくうちに自分の意見が明確になっていきます。材料はできるだけ多く集め、後からどの材料を使うのかを選択します。

意見文の材料となるもの

> ● 自分が見聞きしたこと、経験したこと
> ● 本や新聞などで読んだこと、ニュースで見たこと
> ● 人から聞いたこと

　自分の考えや主張だけでなく、実際のできごとを具体的に書けるようにしましょう。

【例題】SNS を利用することで、人間関係は深まるか。

> ● SNS に肯定的な材料の例
> 「SNS で繋がっている友達とは、SNS で繋がっていない友達よりも一緒に遊ぶ機会が多い」
> 「直接相談しにくいことでも、伝えたいことをゆっくり考えながら話すことができる」
> ● SNS に否定的な材料の例
> 「SNS で自分だけ仲間に入っていない秘密の繋がりがあり、そこで悪口を言われていた」
> 「文字だけだと、言いたかったことが誤解されて伝わり、友達と喧嘩になってしまったことがある」

　材料を集める時は、1 つの視点からだけでなく、様々な視点を持つようにしましょう。上の例題の場合、少なくとも 1 つずつは異なる立場（肯定的・否定的）から材料を探します。
　様々な立場から材料を集めることは、意見文の練習だけでなく、自分とは違う立場に立って物事を考える練習にもなります。

2.3. 自分の意見を決定する

　集めた材料を見て、自分の意見を決定します。
　決定した意見をふまえ、材料の中から意見文に使用するものを選びます。最も自分の意見を支えてくれる材料を選びましょう。文字数制限の関係で、選ぶ材料の数が替わります。意見文の中に出てくる材料が多すぎると、意見がぼやけてしまいます。400 字程度に対して 1 つの材料を使うことを目安にしましょう。

意見文に書く材料を選ぶ目安

- 最も自分の意見に合っているもの
- 多くの人の共感が得られるもの（自分以外の人も想像できる具体例）
- 信憑性の高いもの（新聞やニュースなどで見た内容）
- 最も具体的に書けるもの

2.4. 構成を考える

　材料と意見が決まったら、いきなり書き始めるのではなく、どのような構成にするのかを考えます。自分の意見がわかりやすく説得力のある文章になるよう、最適な構成を考えます。先に構成を考えておかないと、文章を書き進めている途中で「何が言いたいのかわからなくなってきた」という事態になる場合があります。

　構成を考えず思いついたままに書いた文章は、以下の例のように筆者が何を伝えたいのかわかりにくい文章になってしまいます。

【例題】SNS を利用することで人間関係は深まるか、あなたの考えを 400 字程度でまとめて下さい。

【良くない例】（どちらの意見かわかりにくい例）

　SNS を利用することで、人間関係は深まると考える。
　Twitter や Instagram を利用すれば、同じ趣味を持つ世界中の人と出会うことができる。学校の友人よりも深く趣味について語り合える友人ができることもある。しかし、知らない人と気軽にやり取りすることで、個人情報が悪用されたり、お金を騙し取られたりする危険性もある。SNS で知り合った人に会って、事件に巻き込まれたというニュースを見たこともある。
　一方、LINE では、帰宅後や休日でも友人と話すことができる。学校では話せないことも SNS だと話すことができ、友人との仲をより深めることができる。しかし、趣味や勉強に集中したい時や、今は話したい気分ではない時も、連絡がくれば返信しなければならない。既読無視や未読無視で相手を傷つけてしまうこともある。一言だけの返信では、話を真剣に聞いていないと受け取られることもある。
　よって、SNS をうまく活用することができれば、人間関係は深まると考える。

(418 字)

肯定的な具体例① / *否定的な具体例❶* / *肯定的な具体例②* / *否定的な具体例❷*

複数の具体例で、意見がぼやけてしまう。

　文章の構成形式には様々な種類があります。ここでは基本的な構成である**三段構成法**とその典型的な使い方について説明します。

三段構成法

　〈序論〉〈本論〉〈結論〉の3つの部分で構成する方法です。

〈序論〉 問題や結論の方向性を示す （目安：全体の30%程度）	● 自分の意見 ● 予測される反論 ● 結論の予告（本論を書いた後に書く）
〈本論〉 問題や結論について、根拠や分析を示す 複数章になることが多い （目安：全体の50%程度）	● 自分の意見に関連する材料（具体例） ● 具体例の分析、または説明 （材料1つに対して1章分使う）
〈結論〉 自分の意見・主張を明確にする （目安：全体の20%程度）	● 本論が複数章ある場合は全体をまとめる ● 自分の意見や主張を述べる ● 今後の課題や展望がある場合は付け加える

400字程度の意見文を三段構成法で書く

〈序論〉
　① 自分の意見を最初に端的に述べる。　　例：「私は○○について（　　　　　）と考える。」
　② 自分の意見とは反対意見があることを指摘する。
　　　　　　　　　　　　　　　　　　例：「確かに○○という考え方もある。」
　③ 結論の予告を行う（本論の後に書く）。　例：「しかし、○○は（　　　　　）である。」
〈本論〉
　④ 自分の意見に関わる具体例を挙げる。　例：「○○という経験をしたことがある。」
　⑤ 具体例を端的に説明する。　　　　　　　例：「このように、○○である。」
〈結論〉
　⑥ 最後にもう一度自分の意見を述べる。
　　　　　　　　　　例：「よって、私は○○について（　　　　　）と考える。」

【例題】SNS を利用することで人間関係は深まるか、あなたの考えを 400 字程度でまとめて下さい。

【YES の例】

〈序論〉

　① SNS を利用することで人間関係は深まると考える。

　② 確かに、SNS を利用したいじめなどの問題もある。③ しかし、SNS を活用することで面と向かって言えないことでも、相手に伝えることができる。

〈本論〉

　④ 私は、話すことが苦手だ。自分の考えを言葉にすることに時間がかかり、その間に次の話題に移り変わってしまうこともある。

　以前、アルバイト先での人間関係に悩んでいたことがあった。先輩が「大丈夫？」と声をかけてくれたが、その時は「大丈夫です」と返してしまった。家に帰ってからも悩みは晴れなかったため、思い切って先輩に LINE で相談した。先輩に聞いてもらったことで悩みが解決し、アルバイト先の人達との信頼関係も深まったと感じる。

　⑤ このように、SNS だと会話のテンポを気にすることなく時間をかけて言葉にまとめることができる。その結果、話すことが苦手でも自分の考えを伝えることができる。

〈結論〉

　⑥ よって、SNS を利用することで人間関係は深まると考える。

(403 字)

2.5.　本文を書く

　構成が完成したら、実際に文章を書き進めていきます。

[→ 📖 問題演習 P.17、P.19]

[📕 参照：13 章　参考：文章の書き方]

2.6.　推敲する

　意見文を書き終わったら、推敲を行います。誤字脱字を見るだけでなく、わかりやすい文章になっているかも確認します。推敲は修正点が無くなるまで何度も繰り返します。

[📕 参照：13 章 4.　文章の推敲]

POINT

- ・意見文は、テーマの検討、材料集めをしてから、意見の決定を行う。
- ・いきなり本文を書き始めるのではなく、先に構成を考える。
- ・基本の構成は三段構成法。

05 報告型レポートの書き方

・報告型レポートの構成を知ろう
・報告型レポート作成の流れを知ろう

　この章では、報告型レポートの書き方を学びます。
　大学生になると、レポートを書く機会が増えます。レポートには何をどのように書けばよい
のでしょうか。ここでは、レポートの中でも、特に、経験を報告しながら自分の考えを書くこ
とが求められるものについて、その書き方を学びましょう。

1. 報告型レポートとは

　大学生の書くレポートには、報告型、学術型など、様々なタイプがあります。その中でも、特に、
経験を報告しながら自分の意見や考えを書く文章をここでは「報告型」とよび、本節でその書
き方を学びます。
　経験には2種類あります。1つ目は、演習や実習など、自らの体験です。それらについての
報告型レポートには、「体験を分析し、体験から何を学び何を考えたのか、それを今後にどの
ように繋げていくのか」を書くとよいでしょう。2つ目は、講義や講演会などで得た知識です。
それらについての報告型レポートには、「講義や講演会などを通じて得た新しい知識やコンセ
プトをもとに、いままで経験したことを再検証し、今後にどのように繋げていくのか」を書く
とよいでしょう。

2. 報告型レポートを書く理由

　そもそもなぜ大学では、レポートを書く機会が増えるのでしょうか。また書いたレポートは、
成績評価の対象となることがほとんどです。私たちは何のためにレポートを書くのでしょうか。

[→ 📖 問題演習 P.21]

　本章で学ぶ「報告型」のレポートでは、まずみなさんの経験を書きます。例えば、セミナーへの参加やゼミでの活動などをレポートに書くかもしれません。レポートを書く理由の1つ目としては、活動の中でみなさんがどのように行動したのかを読み手に伝えるということが挙げられます。レポートの読み手（多くの場合、授業担当者の教員）は、みなさんの行動をすべて把握することはできません。そのため、レポートという文章によって、報告する必要があるわけです。

　また、経験を分析し、その意義を明らかにするというのも、レポートを書く理由の1つです。様々な活動の中でのみなさんの行動や、得られる力だけが大切なのであれば、それは大学外で行うアルバイトや趣味、遊びなどでも十分かもしれません。しかし、大学で重要なのは、活動そのものや、そこでみなさんが行った行動、得られた力だけではありません。活動を行った後に、それらを分析したり、その分析を通じて何かを発見したりすることも、とても大切なことです。活動を通じて、何をどのように考え、どのような発見や結論に到達したのかを、レポートでは読み手に伝えましょう。

3. 良い報告型レポートの特徴

　では、どのようなレポートが良い報告型レポートとされるのでしょうか。それは「経験した内容」と「経験した意義があったということ」が読み手にわかるレポートです。「経験した意義」とは、以下のような内容を指します。

> （例）・経験から何を学んだのか
> 　　　・経験によってどのようなことができるようになったのか
> 　　　・経験からどのようなアイデアを得たのか

　経験によって、自らの知識や技術にどのような変化や影響があったのかを書くとよいでしょう。ただし、そのためには、ただ受動的に経験しているだけではいけません。主体的に取り組み、自らの能力の向上に努めることが大切です。

4. 報告型レポートの要素

　レポートは、「事実」と「意見」とで構成されます。　[参照：06章 1. 事実と意見]

> 　事実　：　経験の内容
> 　　　　　　　"意見の根拠"となる経験を書く
> 　　　　　　　1つ〜3つ程度のエピソードについて、できるだけ具体的に書く
> 　意見　：　学んだこと・考えたこと
> 　　　　　　　レポートテーマへの"回答"になる場合が多い
> 　　　　　　　経験を分析して、学んだことをできるだけ具体的に書く

　また、レポートの内容は、具体的に書く必要があります。以下の条件を満たすことを意識しましょう。　　　　　　　　　　　　　　　　[📖 参照：13章 2.4. 具体的に説明する]

> ・経験していない人にもわかるように書く
> ・読んでいる人が、行動や考えを思い浮かべられるように書く
> 　（×頑張った・大変だった・苦労した・〇〇の大切さがわかった）

具体的ではない例

> 目標タイムを出すために、友人と力を合わせて頑張った。【事実】
> ↑どう頑張ったのかわからない。
>
> この経験を通じて、友人の大切さがわかった。【意見（感想）】
> ↑今まで友人の大切さを知らなかったように読める。

具体的な例

> 陸上部の活動で、なかなか目標タイムに到達することができなかった。友人に話すうちに、自分の練習メニューに偏りがあることがわかった。そこでもう一度、練習メニューを組み直した結果、目標を達成できた。【事実】
> 友人が親身になって相談に乗ってくれて、お互いに遠慮なく意見を交わせたおかげで、問題点が明確になったといえる。友人のおかげで次に行なうべき対策が具体的になったため、目標を達成できたのである。【意見（分析）】
> ↑行動や考えを丁寧に説明することで、何があったかわかる。

5. 報告型レポートの構成

　レポートは、「レポートテーマへの"回答"（意見）→根拠となる経験（事実）→分析と回答（意見）→今後の課題」という流れを意識して書くとよいでしょう。

レポートの構成

	内容	文量のめやす
1	レポートテーマに対する"回答"を書く	全体の文量の約10%
2	経験の内容を<u>具体的</u>に書く。	全体の文量の約60%
3	経験を分析し、学んだこと・考えたことを<u>具体的</u>に書く	全体の文量の約20%（経験の分析約10%・学んだこと・考えたこと約10%）
	"学んだこと・考えたこと"は、"1"と同じ内容になることが多いですが、特に<u>別の内容を追加</u>したりする必要はありません。	
4	今後の課題を<u>具体的</u>に書く	全体の文量の約10%
	今回学んだことや考えたことを、今後にどのように活かしていくのかについて、<u>自分が実際に行動しているところを想像</u>しながら、具体的に書く。 **できないことや、やるつもりのないことを書かないこと！**	

　この構成の通りにレポートを書くと、例えば、以下のようになります。

例：「インターンシップを経験して、社会で活躍するためにはどのような人物を目指したいと考えるようになったか」について、900字程度で書きなさい。

　社会人基礎力のどれかが特別に優れている人ではなく、全てをまんべんなく身に付けている人物を目指したい。(1)

　この夏、NPO法人のインターンシップに5日間参加した。様々な仕事を体験したが、印象に残っているのは、その内容の多様さである。例えば、ボランティア団体が主催するイベントの会場を設営したり、受付を担当したりした。また必要であれば、イベントに参加される方と交流することもあった。イベントが終了すれば、その内容をまとめ、ポスターに表し、成果を発表した。他にも、イベントの告知や、ボランティア募集のためのチラシを考える業務もあった。また、利用者の方の安全を守るため、定期的に防災訓練も行われており、それにも参加した。
　私たちが体験させていただいたのは以上の内容だが、職員の方の仕事は他にも様々なものがある。例えば、施設の予約対応や貸し出し、備品の管理、市民活動の相談や情報誌の発行などである。日によって、やらなければならない業務は異なるため、どれか1つの業務を専門的に担当することはできない。これらの業務を、職員の方が掛け持ちながら担当し、臨機応変に取り組むことで、職場が円滑に動いていた。(2)

> 　1つひとつの業務自体は、熟練の技術や特別な能力を必要としないようにみえる。しかし、業務の種類が多いため、幅広い力が必要とされる。「社会人基礎力」の 12 の力が全て関わっており、社会人基礎力のどれか 1 つだけが特別に優れているだけでは活躍できない。そこで、平均的ではあっても、社会人基礎力の全てをまんべんなく身に付けている人物を目指したいと考えるようになった。(3)

> 　私は、傾聴力や忍耐力は身についていると思うが、主体性と働きかけ力、実行力が弱点だと感じている。社会人基礎力をまんべんなく身に付けるためには、これらの力も身に付ける必要がある。そのためには集団の中で自らが中心となり行動していかなければならない。大学にはゼミ活動やサークル活動など、集団で行う活動がいくつもある。これからはそれらの活動の中で、自分の意見を自信を持って述べ、周りと協力しながら行動することで、弱点を克服していきたい。(4)
>
> （882 字）

6.　レポート作成の流れ

　レポートを書く際には、以下のような手順を踏みましょう。最初から本文を書き始めるのではなく、**書きたいことを探し、構成を決めてから**書き始めます。　　[→ 📖 問題演習 P.21]

> 1. 書きたいことを探す：書けそうなことを、メモにとにかく書き出すことで、「書かされるから書く」のではなく「書きたいことを書く」ようにする
> 2. 構成を考える：1 の中から中心にすることを決める
> 3. 本文を書く： 　手書きの場合
> 　　　　　　　　　下書きをしてから、提出用の本文を書く
> 　　　　　　　　　丁寧な文字を心掛け、**消えないペン**で書く
> 　　　　　　　　 パソコンの場合
> 　　　　　　　　　余白やフォントなど、指示された形式を確認する
> 4. 推敲する：声に出して読み上げてみると、誤字脱字などに気づきやすい
> 5. 提出する：指示があった場合は表紙を付けて提出する
> 　　　　　　　手書きの場合は、コピーを手元に残しておくとよい

7.　よりよいレポートを書くために

　レポートにはあなた自身の経験や考え方、意見が書かれています。それらが読み手に正確に伝わることが大切です。「見栄えの良い」「耳触りの良い」表現で誤魔化すことのないようにしましょう。例えば、「○○について考えさせられた」「○○を知れてよかった」などの表現は、耳触りも良く、よく見る表現ですが、あなたの考えや意見は伝わってきません。「どのように考えたのか」や、「なぜよかったのか」「知ったことで、考え方や行動がどのように変わるのか」

などが書かれていないからです。「この経験を今後に活かしたい」などの表現も同様です。本当に活かしたいと考えているのであれば、具体的に「いつまでにどのような行動をするのか」なども記しておくとよいでしょう。

　また、読み手が1回読んだら理解できる文章を心掛けることが大切です。「なんとなく伝わるだろう」「書かなくてもわかるだろう」という考えは傲慢な考え方であり、そのような考え方で書かれた文章は、読み手に不親切な文章になってしまいます。誰が読んでも理解できる親切な文章を目指しましょう。

報告型レポート表現 10 ヶ条

1. **指示された形式を守る**：アプリケーションの種類（Word など）、ページの設定、フォントの種類、ファイル名の付け方など、指示された形式がないか確認し、ある場合は厳守しましょう。
2. **漢字で書く**：ひらがな、カタカナ（外来語）を多用せず、漢字を適切に使いましょう。
　　＊ただし「-のような（×様な）」や「-のこと（×事）」「-のとき（×時）」のような形式名詞など、漢字を使わないほうが自然なものもあります。
3. **常体（「だ / である体」）で書く**：×「〜です。」「〜ます。」
4. **書きことばで書く**：×「すごく」「なので」「やっぱり」「〜っていう〜」「いろんな」「かなと思った」
5. **主語は「私」**：×「アタシ」「自分」「僕」
　　＊書き手が主語になる場合、文が不自然にならなければ主語は省略します。
6. **1文は短く**：1文は、60字以内にしましょう。
7. **段落を作る**：内容が替わるところで、段落を分けましょう。（＝改行して1字下げる）空改行を使用する必要はありません。
8. **体言止め禁止**：×「〜こと。」「〜ため。」
9. **「〜と思った。」の多用に注意**：「〜だ / である。」と言い切りましょう。
10. **文量厳守**：「〇〇字以内」の場合は、最低でも8割以上（理想は9割以上）書きましょう。「〇〇字程度」の場合は、指定文字数の前後1割を書きましょう。

＊書き終わったら、**必ず声に出して読み返し**ましょう。
書いた本人が読みづらい箇所は、他の人にとっては、さらに読みづらいものです。
必ず自己添削をしましょう。

 ［ 参照：13章4. 文章の推敲 ］

POINT

・レポートは、「レポートテーマへの"回答"（意見）→根拠となる経験（事実）→分析と回答→今後の課題」という流れで書く。
・レポートを書く際には、「書きたいことを探す→構成を考える→本文を書く→提出する」という手順で書く。

06

学術的文章の書き方

・事実と意見を書き分けられるようになろう
・適切な資料を探し、引用できるようになろう
・正しい論理関係を組み立てられるようになろう
・論理的な文章の組み立てを知ろう

　この章では、学術的文章の書き方を学びます。特に、期末レポートや卒業論文などを想定した、事実や情報を積み重ねて書き手自身の意見や考えを論理的に述べる文章の書き方を勉強します。

　はじめに学術的文章を書く際のスキルを身に付け（1節－6節）、次に、実際にあるテーマについて考えながら、学術的文章を書く練習をしていきます（7節）。

1. 事実と意見

1.1. 事実とは、意見とは

　論理的な文章を書くためには、事実と意見を明確に書き分ける必要があります。事実は動かしようのないものですが、意見は人によって替わるため読み手が反論することもできます。この2つを書き分けることができていない文章は、説得力がなく、学術的な文章として認めることができません。

　以下の2文は、どちらが事実でどちらが意見でしょうか。

　（ア）聖徳太子は、飛鳥時代の皇族である。
　（イ）聖徳太子は、日本でもっとも偉大な政治家である。

　答えは、（ア）が事実で、（イ）が意見です。（ア）は歴史的な裏付けから証明されているのに対し、（イ）は“もっとも偉大な”とある通り、個人的な評価が含まれているからです。事実か意見かを厳密に分けることは難しいですが、本テキストでは、木下（1994）を参考に、以下のように捉えます。

[→ 問題演習 P.23]

事実	(a) 自然に起こる事象（某日某地における落雷）や自然法則（慣性の法則）；過去に起こった、またはいま起こりつつある、人間の関与する事件の記述で、 (b) しかるべきテストや調査によって真偽（それがほんとうであるかどうか）を客観的に判定できるもの。 例) 引用の記述（出所を確認する道が示されている）、直接経験の事実（自分が直接見たり聞いたりして知った事実）、伝聞の事実（他人の口や筆を通して知った事実）…	先行研究の紹介 データの提示
意見	事実に対比すべきものとしての〈考え〉 例) 推論、判断、意見、仮説…	問題提起 データの考察

1.2. 事実と意見の書き分け

　事実と意見を見分けられるようになったら、次は書き分けられるようになりましょう。次の文章は、事実か意見か、判断できない部分が含まれています。

　　　　　彼はおそらく、雨が降っていたから、傘を持っていったのだろう。

　上の文には「雨が降っていた」という事態と「傘を持っていった」という事態の2つが含まれています。そして、それぞれが事実なのか、意見なのか、判断することができません。どちらなのかわかるように、書き分けてみましょう。　　　　　　　　　[→ 📖 問題演習 P.24]

1.3. 主観的な内容・客観的な内容

　論理的な文章の大部分は、事実の記述で占められます。しかし、どのような種類の事実を書いても良いわけではありません。事実にも様々なタイプがあることを確認しましょう。
　　　　　　　　　　　　　　　　　　　　　　　　　　　　[→ 📖 問題演習 P.24]

1.4. 主観的な記述・客観的な記述

　レポートや論文など、論理的な文章では、事態が客観的に描写される傾向があります。レポートや論文に書かれる事態は、「個人的な見解」ではなく、「データや事実（を基に導き出された結論）」、「広く一般に共有できる事実（結論）」であるからです。
　では、どのように書けば、客観的に書くことができるのでしょうか。
　次に、同じ内容が書かれた2つの文章を示します。どちらが、客観的に感じられましたか。またどの表現から、そのように感じましたか。

　(1)　先週のキャンペーンで、お客さんが多く集まったので、来週からスタッフが増えます。
　(2)　先週のキャンペーンで、お客さんを多く集めたので、来週からスタッフを増やします。

　(1) の文章には「お客さん "が" 集まった」や、「スタッフ "が" 増えます」のような「○○がどうなる」という表現が目立ちます。それに対して (2) の文章には「お客さん "を" 集めた」や、「スタッフ "を" 増やします」のような「○○をどうする」という表現が使用されています。これらの表現から、(1) の方を客観的だと感じる人が多いのではないでしょうか。

　(2)は「集める」「増やす」のような他動詞が用いられ、動作主の存在を感じさせるのに対し、(1)は「集まる」「増える」のような自動詞が用いられているため、動作主は文にとって必須ではなく、できごとに注目する文になっています。

　客観的に記述するためのポイントは、以下のようにまとめられます。

[→ 📖✏ 問題演習 P.25]

客観的な記述＝できごとに視点がある	自動詞（例：集まる）を用いて、「何がどうなる」という述べ方にする
主観的な記述＝動作主に視点がある	他動詞（例：集める）を用いて、「何をどうする」という述べ方にする

　ただし、日本語の場合、すべての動詞に自動詞と他動詞のペアがあるわけではありません。例えば、「認める」という動詞は「私は君を認める」のように使用する他動詞ですが、対応する自動詞はありません。反対に、「座る」という動詞は「私は椅子に座る」のように使用する自動詞ですが、対応する他動詞はありません。このように、自動詞と他動詞のペアがない場合は、次のような方法で記述することができます。

対応する自動詞のない他動詞を用いた主観的な記述を、客観的な記述にする場合

> 例）私たちはあなたのそのようなやり方を認めない。
> 　　→あなたのそのようなやり方は認め<u>られない</u>。
> 　　原発の問題点を明らかにする。
> 　　→原発の問題点が明らか<u>になる</u>。

　上のように、**受身文**にしたり、「**する**」を「**なる**」に替えたりすることで、できごと視点の文にすることができます。また、動作主視点の文にする場合は、以下の通りです。

対応する他動詞のない自動詞を用いた客観的な記述を、主観的な記述にする場合

> 例）私は彼のとなりに座った。
> 　　→彼女が私を彼のとなりに座ら<u>せた</u>。

　上のように**使役文**にすることで、できごと視点の文を動作主視点の文にすることができます。

[→ 📖✏ 問題演習 P.25]

　他にも、以下のような客観的な印象を与える表現を使用して、意見を客観的に表すこともできます。場面に応じて使用できるようにしておきましょう。

主観的表現	客観的表現
- と思う／ - と感じる	- だ／である／ - とみられる - と考えられる／ - と思われる
- に違いない	- の可能性が高い
- してほしい	- が期待される
- かもしれない	- の疑いがある／ - が急がれる

　また、学術的な文章では一人称として「私（僕・自分）」を用いず、「**筆者**（発表の場では「**発表者**」）」を使用します。これも客観的な事実で構成される学術的な文章の特徴の１つです。

POINT

・事実と意見を書き分けなければならない。
・事実にも主観的な内容と客観的な内容がある。
・自動詞や受身文、" になる " という表現を使うと、客観的な印象の文章が書ける。

2. 論 証

　学術的な文章では、結論として示す意見に対して、その根拠となる事実を示す必要があります。では、どのような関係であれば、根拠と結論の関係になるのでしょうか。
　例えば、以下の例は根拠と結論の関係が整っていると言えます。

　　彼にチョコレートをプレゼントすると喜ぶだろう。なぜなら、彼はチョコレートが好
　　物だからだ。

　根拠と結論の関係を以下のように示すことができます。このような関係を「論証」と言います。

根拠：彼はチョコレートが好物だ　導き方：普通、好物をプレゼントされると喜ぶ　結論：彼にチョコレートをプレゼントすると喜ぶ

　上の例では、根拠として、書き手の知っている確かな事実があげられています。そして、一般に了解されている考え方で、結論が導き出されています。適切な論証かどうかを考える際には、「根拠」と「導き方」に注目しましょう。　　　　　　　　　　[→ 問題演習 P.27]

3. 参考文献（資料）の探し方

　レポートや論文の作成では先行する研究や意見、データを引用して述べるのが一般的です。ある問題に対して自身の考えのみに基づいた主張をするよりも、既に明らかになっている点、逆に明らかになっていない点を分析したうえで主張する方が、より良い問題解決に繋がります。

　また、引用にはいくつかのルールが存在し、それらを踏まえて行う必要があります。引用の仕方や出典（引用元）の示し方が適切でないことは、レポートや論文において重大な欠陥になります。

3.1. なぜ資料が必要か

　レポートや論文のテーマが決まったら、関連する資料を集めましょう。テーマによっては頭の中の材料を引き出すだけでは十分な論述ができない場合があります。

　先に述べたように、先行する資料を踏まえた方がよりよい問題解決に繋がります。そのため、テーマに関わる資料を様々な方法で集める必要があります。しかし、ただ集めるだけではいけません。資料の中には根拠があいまいなものや、サンプルが偏っているものも多く、全ての資料が使えるわけではないからです。どの資料が有効と言えるのか、読み込み、分析することが重要になります。

　まず、テーマに関してどのようなことがわかっているのか、課題となっていることは何か、どのような意見があるのかなど、資料を通して大まかに確認しておきましょう。その際、テーマについての事実と意見を把握することが大切です。また、仮説の立て方や調査の手法、論法などで参考になるものがあるか、その中に問題となる点はないかといったことも検討する必要があります。そして、それらを分析することで「具体的な問い」を立てることができます。「具体的な問い」が決まったら、さらにそれに関連する先行研究や、問いに対する答えを導くための資料を検索してみましょう。

3.2. 資料検索の手段
・3.2.1. Web 検索

　皆さんが資料としてまず思いつくのは Web 上の情報でしょう。それ以外では、書籍、事典や辞書類、雑誌記事、新聞記事、学術論文、行政機関の公的資料などが挙げられます。本節でそれらを検索するための方法について確認しましょう。以下の表中に示したものは、いずれも Web 上で検索ができるものです。　　　　　　　　　　　　　[→ 📖 問題演習 P.29]

辞書 事典	・JapanKnowledge（辞書を横断的に検索できる。個人契約も存在するが、各図書館などで契約していることがある。契約状況は要確認）
図書	・OPAC（各図書館の書物の検索サービス） ・WebCatPLUS ・CiNiiBooks（大学図書館所蔵の書物を横断的に検索できる） ・NDLONLINE（国立国会図書館に所蔵する書物を検索できる） ・国立国会図書館サーチ（国立国会図書館、公共図書館、大学図書館などの蔵書を横断的に検索できる）
論文	・CiNiiResearch ・GoogleScholar ・J-STAGE ・MAGAZINEPLUS　など
新聞 紙面	・朝日新聞クロスサーチ ・ヨミダス歴史館 ・中日新聞・東京新聞記事検索サービス　など ※学校によって契約している新聞社が異なるため確認すること。
公的機関の データや活動	・内閣府 ・総務省統計局 ・e-Stat 政府統計の総合窓口　など

◎資料探しで困った場合には、図書館のレファレンスサービスなどに遠慮なく相談しましょう。

・3.2.2.　芋づる式検索

　ここまで紹介したものは資料を探すためのデータベースです。これらを使って実際に資料を探すことができた場合には、データベースによらずとも、さらに多くの資料を探すことができます。

　著者が参考にした資料を書物の途中で示すことがあります。研究書や論文の場合は資料の中で確実に示されているでしょう。そこに示された資料から、皆さんが参考とする書物がどのような先行研究（＝必要な知識）を押さえているかを知ることができます。それらの資料も皆さんの知識を増やすために重要です。また、そこでみつけた資料から別の資料へとさらに知識を広げることができます。こうした資料の探し方を「芋づる式検索」と呼ぶことがあります。

・3.2.3.　キーワードの選定

　資料を探す時にはキーワードをうまく選ぶ必要があります。

　まず、テーマに関するキーワードをいくつか挙げて、それらを検索してみましょう。始めに想定したキーワードで出た検索結果が少なすぎる場合には、キーワードを少し言い換えてみるとよいでしょう。逆に検索結果が膨大であれば、別の関連する語を加えることもよいでしょう。検索の際には、様々な視点からテーマについて迫る必要があります。

　例えば、「江戸時代の教育における朱子学の役割」について知りたい場合を想定します。関係する資料を探すために「江戸時代の教育における朱子学の役割」という文をそのまま入れてもうまく検索ができないことは容易に想像できます。そこでキーワードとして「江戸時代」、「教

育」、「朱子学」の3語を選び検索します。

　このような3つ（以上）のキーワードだと結果が絞られ過ぎてしまい、求めたい資料が見つからないことが考えられます。その場合、キーワードの数を減らして検索しましょう。例えば、「江戸時代　教育」や「教育　朱子学」のようにしましょう。

　キーワードの選定だけでなく、データベースの大きさも検索結果の多さに影響します。例えば、図書館でも所蔵数の多い図書館もあれば少ない図書館もあります。この2つの図書館の蔵書検索システム（OPAC）を使って、同じキーワードで検索を行った場合、大きい図書館のデータベースの方がより多く検索結果を表示すると考えられます。所蔵数の多い図書館の蔵書検索の他にも CiNii Research での論文検索のようにデータの母数が多い場合、適切なキーワードを選択しなければ検索結果も膨大になり、必要な情報を探すことは難しくなります。また、「国立国会図書館サーチ」は各大学の OPAC と異なり様々な図書館の所蔵データを調べることができ、便利ですが、データの母数が多いため、キーワードの数や入れ方に工夫が求められます。

・3.2.4. キーワード数と検索方法の関係

　同じデータベース内では基本的にキーワード数を増やすほど、また、各キーワードが具体的であるほど、検索結果はより少なくなります。

　一般に、キーワードの間にスペースを挟んで検索を行う場合 AND 検索になります。基本的には、この検索方法を用いることが多いです。これは調べたいことが具体的であるほど多くのキーワードを含むうえ、結果として出力される資料数が少なくなるためです。AND 検索以外には OR 検索と NOT 検索があります。

検索方法と検索結果

検索方法	AND	OR	NOT
検索する範囲	複数のキーワードを全て含むもの。	複数のキーワードをどれか1つ以上含むもの。	複数のキーワードの内、どれか1つ以上をふくまないもの。
概念図(キーワード2つの場合。網掛け部分が検索結果)	ア AND イ	ア OR イ	ア NOT イ

　例えば、「江戸時代の教育における朱子学の役割」を検索するとします。この場合、「江戸時代」、「教育」、「朱子学」をキーワードとして取り出すことができます。

● 検索の際に「江戸時代　教育　朱子学」とすると3つのキーワード全てを含む結果が出る。（AND 検索）
●「江戸時代　OR　教育　OR　朱子学」とすれば、3つのキーワードのどれか1つ以上を含む結果が出る。（OR 検索）
●「江戸時代　教育　NOT　朱子学」とすれば、「江戸時代」、「教育」の2つを含み、「朱子

学」は含まない結果が出る。（NOT 検索）

　当然、AND 検索、OR 検索、NOT 検索のそれぞれで出る検索結果数は相違します。目的に応じて検索方法を替えましょう。また、調査の目的によっては多数の資料を読むことが必要となることもあります。検索の際にキーワードの見直しと合わせて必要に応じた検索方法の変更を行うとよいでしょう。　　　　　　　　　　　　　　　　[→ 📖✏ 問題演習 P.29]

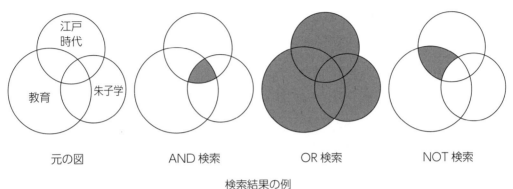

検索結果の例

4. 引用の方法

4.1. はじめに―引用と出典とは

・引用…自分の論、文章に説得力を持たせたり、自分の論をより詳しく説明したりするために他者の意見を用いることです。また、その際に用いた文章や図表のことを指すこともあります。自分オリジナルの文章と区別する必要があります。

・引用の目的…ある問題に対して単に自分の意見のみで、何らかの主張をするよりも、過去の研究や論法などについて良い点や不十分な点を分析したうえで主張する方が、より良い問題解決に繋がります。自身の主張に対してより説得性を持たせるために引用を行いましょう。

・出典…引用する文章や図表の出所のことです。書籍や Web ページ、新聞などが該当します。

・剽窃…他の人のアイデアや作品を無断で、出所を示さず利用することを指します。どこが引用箇所かわからないような引用でも剽窃とみなされることがあります。また、本人が「してやろう」と思っていない（＝「してしまった」）場合でも盗用の事実があれば、剽窃とみなされます。場合によっては単位や学位に関わる重要な問題となります。

・孫引き…研究書では多くの資料やその引用によって文章が編まれています。そこに載る文章は皆さんにとっても有用なものが多いでしょう。しかし、他者が引用した文をあたかも自分で調べたように引用すると、孫引きと呼ばれます。孫引きはいかに内容が正確であったとしても、行ってはならない不正です。

4.2.　引用の示し方

　引用の示し方にはハーバード方式、バンクーバー方式の 2 種類があります。どちらの方法を用いてもよいですが、提出先（教員など）からの指定があれば、指示に従いましょう。また、引用は他者の文章を用いて自分の論の中で役立てるものです。単に出典から引用するだけでなく、自分の解釈や分析などを適宜示す必要があります。

・4.2.1.　ハーバード方式における引用元の示し方

　ハーバード方式では引用元を著者（刊行年、執筆年）の形で引用文の前に示します。

> 伊藤（2025）は「日本語表現における添削の効果は手法によって大きく相違する」と指摘している。

・4.2.2.　バンクーバー方式における引用元の示し方

　バンクーバー方式では注（脚注など）によって引用元を示します。

> 伊藤は「日本語表現における添削の効果は手法によって大きく相違する」と指摘している（注 1）。
>
> ――――――――――――――――――――――――――
>
> （注 1）伊藤太郎『日本語表現教育の諸課題』　2025 年　未来桜出版　82 ページ

・4.2.3.　引用の方法

　引用の方法には直接引用と間接引用の 2 種類があります。いずれの方法でも、参考文献欄は各章末もしくは文章全体の最後につけます。（バンクーバー方式では、ページ下段の場合もあります。）以下の例示では直下に書いてありますが、実際には章末や全体の最後に書きましょう。

①「直接引用」…1 字 1 句そのまま出典から引用する方法。

> ハーバード方式：
>
> 伊藤（2025）は「日本語表現における添削の効果は手法によって大きく相違する」と指摘する。
>
> ――――――――――――――――――――――――――
>
> 【参考文献】伊藤太郎（2025）『日本語表現教育の諸課題』未来桜出版

> バンクーバー方式：
>
> 伊藤は「日本語表現における添削の効果は手法によって大きく相違する」と指摘している（注 1）。
>
> ――――――――――――――――――――――――――
>
> （注 1）伊藤太郎『日本語表現教育の諸課題』　2025 年　未来桜出版　82 ページ

　引用文が長文となる場合は次に示すように2字下げて引用します。なお、2字下げた引用文の前後は1行空けるのが一般的です。

伊藤（2025）は初年次教育における日本語表現での添削の効果について次のように指摘する。

　　日本語表現における添削の効果は手法によって大きく相違する。学生相互の文章チェックを得た場合と得ない場合を比較するとその後の「文章作成上気を付ける事項」についての誤答率は前者で22.3%、後者で34.6%と約1.5倍の差が存在した。

このことから学生相互の文章チェックは効果的であるとわかる。これは他の研究で指摘される様相とは相違し、注目できる。

【参考文献】伊藤太郎（2025）『日本語表現教育の諸課題』未来桜出版

※注意：引用した部分は全部2字下げましょう。次のような、引用部分の1行目だけ2字下げにした例がよく見られますが、これは間違いです。

【良くない例】

伊藤（2025）は初年次教育における日本語表現での添削の効果について次のように指摘する。

　　　日本語表現における添削の効果は手法によって大きく相違する。学生相互の文章チェックを得た場合と得ない場合を比較するとその後の「文章作成上気を付ける事項」についての誤答率は前者で22.3%、後者で34.6%と約1.5倍の差が存在した。

このことから学生相互の文章チェックは効果的であるとわかる。これは他の研究で指摘される様相とは相違し、注目できる。

---

②「間接引用」…引用したい文章をまとめながら引用する方法。

ハーバード方式：
　伊藤（2025）では日本語表現における添削の効果は学生相互の文章チェックを行うことで1.5倍の差が存在することを示し、学生相互の文章チェックは効果的であることを指摘した。

【参考文献】伊藤太郎（2025）『日本語表現教育の諸課題』未来桜出版

> バンクーバー方式：
>
>   伊藤は日本語表現における添削の効果として学生相互の文章チェックを行った事例を挙げ、行わなかった場合は行った場合に比べ誤答率が 1.5 倍であったと指摘している（注 1）。
>
> ────────────────────────────
>
> （注 1）伊藤太郎『日本語表現教育の諸課題』　2025 年　未来桜出版　82 ページ

　以上のように引用の方法は様々です。いずれの方法においても正確に引用を行うことが求められます。また、引用した記述をどのように理解したか、どのような分析を行ったかを示す必要があります。

4.3. 図表の引用

　参考とした資料に図表があって利用したいと考えることがあるでしょう。例えば、グラフや数値の推移表などは論述の根拠として有用なことも少なくありません。しかし、先行する資料の図表をそのまま引用することは著作権の問題があるため不可です。そのため、自身で作り直して引用しなければいけません。

　なお、図表のキャプション位置に関しては図の場合は後、表の場合は前に書くことになっています（下図参照）。このルールは引用した場合に限らず、自分が撮影、作成した画像や図表などにおいても同様に適用されます。

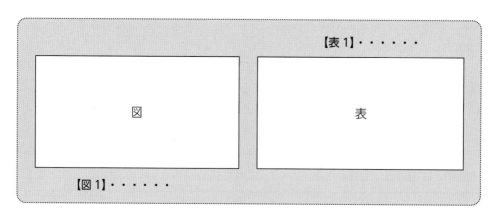

図、表のキャプション位置

4.4. 出典の示し方

　引用を行った場合、参考文献欄が必須となります。一般的な示し方を以下に提示します。

【書籍】

> 著者もしくは編者（刊行年）『書名』出版社
>
> 　　横田冬彦（2018）『日本近世書物文化史の研究』岩波書店
>
> 　　横山俊夫　編（1995）『貝原益軒―天地和楽の文明学』平凡社
>
> ※論文集などに収められた文章を示したい場合：
>
> 　　横田冬彦（1995）「益軒本の読者」（横山俊夫　編（1995）『貝原益軒―天地和楽の文明学』平凡社　所収）

【雑誌記事（論文含む）】

> 著者（刊行年）「記事名」『雑誌名』巻号、pp. ページの初め - ページの終わり、出版社名
>
> 　　松本昂大（2020）「中古和文における移動動詞の経路, 移動領域の標示」『日本語の研究』16 巻 3 号 pp.17-34、日本語学会

【Web ページ】

> 管理者「記事名」URL　（更新日、閲覧日）
>
> 　　姫路市「姫路城の 2019 年度入城者数について」https://www.city.himeji.lg.jp/shisei/0000012030.html　（更新日：2020 年 4 月 5 日、閲覧日：2021 年 6 月 4 日）
>
> ※更新日不明の場合：
>
> 管理者「記事名」URL　（閲覧日）
>
> 　　文部科学省「学習指導要領「生きる力」」https://www.mext.go.jp/a_menu/shotou/new-cs/　（2021 年 7 月 1 日閲覧）

【新聞記事】

> 記事執筆者「記事名」『新聞名』発行年月日　朝刊か夕刊か（その他か）ページ　どこの版か
>
> 　　宮代栄一「地味だが深い山城・石垣人気」『朝日新聞』2019 年 5 月 8 日朝刊 23 ページ　東京本社版

【統計調査】

> 「統計名」、集計名、公表日（統計が収められた書名または URL　閲覧日）
>   「大学・短期大学・高等専門学校におけるインターンシップ実施状況等調査」，大学等におけるインターンシップ実施状況調査，2007 年 11 月 21 日公表（https://www.e-stat.go.jp/stat-search/files?page=1&query=%E5%A4%A7%E5%AD%A6%E7%94%9F&layout=dataset&toukei=00400401&tstat=000001016699&stat_infid=000001200029　閲覧日：2020 年 7 月 13 日）

出典を示す際に必要な情報と各媒体の関係

情報／媒体	誰が書いたか	いつ書いたか	記事名・書名など	発行元	その他必要な情報
書籍	著者、編者	刊行年	書名	出版社	翻訳の場合には翻訳者・原著者とも書く。複数著者の場合は全員示す場合と、1 人もしくは 2 人だけ示し、ほかの人間は「他」と省略する場合もある。
雑誌記事（論文など）	著者	刊行年	記事名	雑誌名・出版社	雑誌の編者も書く。
Webページ	管理者名	更新日	記事名	URL	最終閲覧日を書く。
新聞記事	執筆者名	発行年月日	記事名	新聞名・発行年月日・朝刊か夕刊か	地方によって内容が異なる場合がある。何版か書くこと。（例）「東京本社版」、「愛知版」
統計調査	調査者	公表日	統計名	URL/ 書名	

[→ 📖 問題演習 P.30]

● 出典の並べ方

　ハーバード方式のように文章末で参考文献を並べる時には著者名の 50 音順（外国人の場合はアルファベット順）で並べるのが一般的です。上記の書籍、雑誌記事を用いた場合次のようになります。

> **【参考文献】**
>   松本昂大（2020）「中古和文における移動動詞の経路，移動領域の標示」『日本語の研究』16 巻 3 号 pp.17-34、日本語学会
>   横田冬彦（2018）『日本近世書物文化史の研究』岩波書店
>   横山俊夫　編（1995）『貝原益軒―天地和楽の文明学』平凡社

　バンクーバー方式の場合は出現順に注を付けて示していきます。

　引用元の示し方はレポートなどを課した教員に確認しましょう。「一般的な形式でよい」と言われたら、ここまで述べてきた方式のうち、使いやすいものを用いればよいでしょう。もし、

特に指定があれば引用の方式などは提示された条件に従いましょう。

```
▰ POINT ┄┄┄┄┄┄┄┄┄┄┄┄┄┄┄┄┄┄┄┄┄┄┄┄┄┄┄┄
・引用を行った場合、正しい方法で示す必要がある。
・引用を行ったら、必ず出典を示す。
┄┄┄┄┄┄┄┄┄┄┄┄┄┄┄┄┄┄┄┄┄┄┄┄┄┄┄┄┄┄┄┄┄┄
```

5. 接 続 語

　接続詞や副詞などの接続語を使うと、ものごとを論理的に説明することができます。ここではまず、じゃんけんを例にして、そのルールの説明を考えてみましょう。

[→ 📖 問題演習 P.33]

5.1. 列挙の表現
　列挙の表現には、以下のようなものがあります。

> A　じゃんけんの手の出し方は、グー<u>と</u>チョキ<u>と</u>パーである。
> B　じゃんけんの手の出し方は、グー、チョキ、パーの<u>以上3種類</u>である。
> C　じゃんけんの手の出し方は、<u>第一に</u>グー、<u>第二に</u>チョキ、<u>第三に</u>パーである。

　Aは選択肢をただ並べただけですが、Bは選択肢がいくつあるかをわかりやすく示しています。Cの表現は、それぞれがいくつ目の選択肢かをわかりやすく示すことができます。

5.2. 順序の表現
　順序の表現には、以下のようなものがあります。

> 　じゃんけんは、出した"手"の形で勝敗を決める遊びである。<u>まず</u>、2人以上の参加者が向き合った状態になる。<u>次に</u>、自分以外の参加者にも見えるように、体の前に片腕を出す。<u>それから</u>、「じゃん、けん、ぽん」と言う。<u>最後に</u>、「ぽん」のタイミングで、全員が出していた方の片腕に"手"を出し、その形によって勝敗を決める。
> 　<u>さらに</u>、勝敗が決まらない「あいこ」の場合は、「あい、こで、しょ」と言い、「しょ」のタイミングで全員が"手"を出す。<u>また</u>、「しょ」で手を出す動きは、勝敗が決定するまで繰り返される。

　「まず」「次に」「それから」「最後に」という表現で、行動の順序を示すことができます。「さらに」「また」という表現によって、情報を追加することができます。

5.3. 因果関係を表す表現

　因果関係を表す表現には、以下のようなものがあります。理由（原因）から結果を述べる場合と、結果から、理由（原因）を述べる場合があります。

理由（原因）	結果
ハサミで石は切れない<u>ので（ため）</u>、 ハサミで石は切れない<u>ことにより</u>、 ハサミで石は切れない<u>という理由</u>で、	グーはチョキに勝つ。

結果	理由（原因）
グーがチョキに勝つ	のは、ハサミで石は切れない<u>から（ため）である</u>。 のは、ハサミで石は切れない<u>ことによる</u>。 のは、ハサミで石は切れない<u>こと</u>を<u>理由とする</u>。 <u>理由は</u>、ハサミで石は切れない<u>ことにある</u>。 <u>理由として</u>、ハサミで石は切れないこと<u>が挙げられる</u>。

　日本語では一般に、後半に述べられている内容が重要であると感じられる傾向があります。そのため、上の表の表現は結果を中心に述べるときに適しており、下の表の表現は理由（原因）を中心に述べたいときに適していると言えます。

POINT

- ・データや事実を列挙したり、順序だてて説明したり、因果関係を示したりする際には、接続語を使うと論理的にわかりやすく示すことができる。
- ・因果関係については、結果を中心に述べたいときには結果を後に、理由（原因）を中心に述べたいときには理由（原因）を後に示すとよい。

6. 比較対照の表現

　ここでは、比較対照する表現を学びます。学術的な文章を書く際には、様々な事実を比較検討しながら、論を進めていく必要があります。

　比較対照するためには、まず比べる「ものさし」を明確にする必要があります。

[→ 問題演習 P.34]

○ 野球は1チーム9人が出場するスポーツだが、サッカーは1チーム11人が出場するスポーツである。
　→「人数」という共通のものさしが使用されている。

× 野球は1チーム9人が出場するスポーツだが、サッカーは楽しい。
　→ 野球が「人数」について述べられているのに対して、サッカーは「プレーすることに対する評価」が述べられており、共通のものさしが使用されていない。

共通点と相違点	野球とサッカーは○○が同じである / に違いがある。 野球とサッカーは○○点で同じである / 異なる。 野球とサッカーは○○面で同じである / 異なる。 野球は、サッカーと同様に / と異なり、○○である。 野球とサッカーは○○に共通点がある / 相違点がある。 野球とサッカーには○○という共通点がある / 相違点がある。
比較と対照	野球は◇◇だが、サッカーは○○である。 野球はサッカーより○○である。 野球とサッカーとを比較すると野球の方が○○である。 野球は◇◇である。それに対して、サッカーは△△である。 野球が◇◇のに対して、サッカーは△△である。
数量	競技人口は、野球よりサッカーの方が多い / 少ない。 ○○年、野球の競技人口が△△人に達した / 及んだ / 上った。 ○○年、野球の競技人口が△△人を切った / 割った / 超えた。 ○○年、サッカーの競技人口が野球の競技人口を上回っている / 下回っている。
変化	サッカーの競技人口は、急激に減少 / 増加している。 この□年間で、サッカーの競技人口は、約○分の1に低下した / ○倍に上昇した。 野球の競技人口は、○○年代から△△年代まで、ほぼ横ばいの傾向にある。

POINT

・比較対照の表現をする際には、ものさしを明確にするとよい。

7. 学術的文章を書く

　ここまで学んできたスキルを使って、ここからは実際に学術的文章を書いていきます。典型的には、次のような順序で進めていきます。

テーマについて知っていることを整理する
　　知っていることや知らないこと、考えていることを整理しましょう。

テーマについて調査する
　　知らないことを調べたり、考えていることが正しいかを確かめたりするために、調査をしましょう。

テーマについて意見を持つ
　　調査結果を踏まえて、テーマについて意見を持ちましょう。

目標規定文を作る
　　どのようなことを明らかにし、それによって何を主張するのか、文章を書く目標を規定しましょう。

先行研究を読む
　　自分が明らかにしたいことや主張したいことについて、これまでどのような研究が行われてきたか知りましょう。それらの研究と自分の主張の相違点を明確にしましょう。

調査方法を検討する
　　目標規定文に沿って文章を書くために必要な調査方法を検討しましょう。

調査をする
　　自らの決めた方針に従い、調査を行いましょう。

調査結果を分析する
　　調査結果を分析し、どのような特徴がみられるか考えましょう。

調査結果について意見を持つ
　　論理関係に注意し、調査結果から結論を導き出しましょう。

構成を考える
　　どのような順番で述べると読み手に伝わりやすいか考えましょう。

本文を執筆する
　　接続語や比較対照の表現などを効果的に使い、読み手にわかりやすい文章を書きましょう。

推敲する
　　一度書き上げたものも何度も読み返し、よりよい文章を目指しましょう。

　あくまでも、上の進め方の順序は一例です。通常、この通りに進むことはまずありません。多くの場合、調査結果が自分の予想とは異なり、もう一度目標規定文を作り直したり、異なる先行研究を読む必要が出てきたりします。上の過程を行ったり来たりしながら、試行錯誤することが大切です。

7.1. テーマについて知っていることを整理する

　授業の課題等でレポートが課される場合、担当教員からテーマが示されることがほとんどでしょう。しかし、テーマを示されたからと言って、すぐにレポートを書き始めることは難しいものです。まず、自分はそのテーマについて何を知っているのかを整理し、どのような主張をするのかを考えなければなりません。授業の課題のレポートであれば、授業で学んできたことが「そのテーマについて知っていること」になるでしょう。充実したレポートを書くためには、さらに調査を行い、そのテーマについて詳しく知る必要がある場合もあります。

　ここでは、「現代の日本の大学生について」をテーマとして、レポートを書く練習をしてみましょう。

　レポートのテーマが示されたら、まず知っていることを整理します。「知っていること」といっても、その知識の正確さは様々です。例えば、「調査をして知っていること」「授業で勉強して知っており、具体的なデータを持っていること」「経験して知っているが、一般的かどうかはわからないこと」「授業で聞き、言葉としては知っているが、内容は知らないこと」「可能性があるかもしれないと予想しているが、確かめたことはないこと」などがあるでしょう。些細なことでも構わないので、思いつくことをできる限りたくさん挙げて、整理しましょう。思いがけないことが、レポートの中心的話題に関わることも多くあります。

[📕 参照：06 章 1. 事実と意見]

[→ 📖 問題演習 P.35]

7.2. テーマについて調査する

　レポートを書く場合、「経験して知っているが、一般的かどうかはわからないこと」「言葉としては知っているが、内容は知らないこと」「可能性があるかもしれないと予想しているが、確かめたことはないこと」などについては調査をして、事実かどうか確かめる必要があります。調査の過程で、新しいことを発見したり、独自の意見を持つきっかけが生まれたりすることもよくあります。レポートに書く内容を探している段階では、まず幅広く様々なことを調査してみましょう。

　とくに現代の社会問題などについて知りたい場合には、『現代用語の基礎知識』などの百科事典を使用するのもおすすめです。『imidas』を使用すると Web を使用して検索することもできます。信頼できる情報を収集し、テーマについて正確な知識を整理することが重要です。

　「現代の日本の大学生について」のレポートを書くにあたって、「自分は生活態度などを管理されずに自由に過ごしたいと思っているし、周りの友人たちもそう言っている。現代の日本の大学生は、自由な学生生活を過ごしたいと思う人数が増えているに違いない」と思う人もいるでしょう。しかしそれは、個人的な考えであり、レポートに書くためには、それが事実かどうか確かめる必要があります。例えば、以下のようなデータを用いて、確かめることができます。ここでは、現代の日本の大学生が、大学教育についてどのような考え方をしているのかについてのデータを示します。

　以下は、ベネッセ教育総合研究所によって行われた調査です。詳細は次の通りです。

調査テーマ：大学生の学習・生活に関する意識・実態をとらえる

調査方法：インターネット調査

調査対象：大学 1 〜 4 年生（18 〜 24 歳、日本在住）

有効回答数：4,124 名（うち男子 2,228 名、女子 1,896 名）

調査時期：2021 年 12 月

◆大学教育について、あなたは次にあげる A、B のどちらの考え方に近いですか。

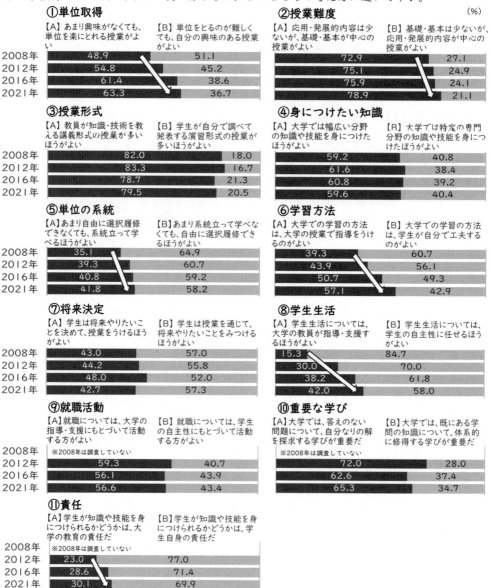

（ベネッセ教育総合研究所　第 4 回 大学生の学習・生活実態調査報告書　データ集 [2021 年]）

　⑧ を見ると、学生生活については、大学の教員が指導・支援するほうがよいと考える学生が増加してきているということがわかります。また 2021 年のその割合は 42.0% であり、半数

は超えていないということも確かめられました。このように、レポートを書く際には、自分の思い込みに囚われず、地道に調査する必要があります。

　また、調査して得たデータをレポート上で示す場合、必ずそのデータの内容を説明する文章を書く必要があります。データを説明する際に使用するとよいのが、5 節で学んだ「接続語」です。「接続語」を使用しながら、上のデータについて説明してみましょう。このデータの他にも、自分で集めたデータがある人は、そちらについても説明してみましょう。

[📖 参照：06 章 3. 参考文献（資料）の探し方、06 章 5. 接続語]

[→ 📖 問題演習 P.36]

7.3. テーマについて意見を持つ

　テーマについて調査をしたら、集まったデータを分析、考察してみましょう。

　みなさんは、これらのデータから、現代の日本の大学生について、どのような意見を持つでしょうか。例えば、① のデータを見て、「あまり興味がなくても、楽に単位が取れる授業がよいと考える人が増えているのだな」と思ったとします。しかしこれは、学術的文章の中では「意見」ではありません。すでにデータが示している事実です。もしもこのデータをあなた自身が収集し、それを発表するのであれば、それは学術的に価値のあることでしょう。しかし、すでに公表されている事実を、あなたが苦労して、文章で改めて発表する必要はあまりありません。集まったデータを組み合わせたり、丁寧に読み解いたりして、論理的に何が言えるのかを考えてみましょう。

　例えば、現代の日本の大学生は自主性を持っている人が増えているか、それとも減っているかということは、このデータでは直接示されていません。また、現代の日本の大学生はどのような大学教育を望んでいるのかということも、書かれていません。しかし、これらのデータを組み合わせることで、ある結論が論理的に導き出せるのではないでしょうか。様々な視点からデータを分析し、意見を出してみてください。

[📖 参照：06 章 2. 論証、06 章 7.5. 先行研究を読む]

テーマについての意見の例

> ○ 「自主性を持った大学生の割合が増えているのではないか / 減っているのではないか」
> 　→データに直接的に示されておらず、1 つのデータや、複数のデータを組み合わせることによって導き出される考えや予想であるため、意見である。

> × 「あまり興味がなくても、楽に単位が取れる授業がよいと考える人が増えているのではないか」
> 　→データ①をみると「あまり興味がなくても、単位を楽にとれる授業がよい」という人の割合が増えていることが直接的に示されているため、意見ではなく事実である。

7.4. 目標規定文をつくる

　レポートで取り上げたい意見を持ったら、「目標規定文」をつくりましょう。「目標規定文」は木下（1994）の用語で、以下のように説明されます。

> 目標規定文：何を目標としてこのレポートを書くのか、そこで自分は何を主張するのか
>
> (a) 一字一句を吟味しながら簡潔な目標規定文を仕上げることは、主題——レポートのエッセンス——を明確にするのに役立つ。
> (b) 目標規定文と照らし合わせながら資料を探索・取捨選択し、またレポートの構成を検討することによって、レポートがすっきりと筋のとおったものになる。

　わかりやすい文章を書くためには、文章を書く目標、自分の主張を明確にしておくことが不可欠です。文章を書き始める前に、目標規定文を必ず書きましょう。「○○を明らかにすることによって、□□と主張する。」という形で書くとよいでしょう。明らかにすることが「事実」、主張することが「意見」に対応する場合が多いです。例えば、以下のようです。

> 例：インターネットショッピングには、個人情報の漏えい・実物を見ずに購入することによる品質の不安など、様々な問題点があること**を明らかにすることによって**、インターネットショッピングの利用は避けるべきである**と主張する**。

　ただし、文章を書きながら、また、集めた資料に合わせて、目標規定文を変更しても構いません。あくまで書き始めるまでの指針となるものです。それでは一度、目標規定文を書く練習をしてみましょう。　　　　　　　　　　　　　　　　　　　[→ 📖 問題演習 P.37]

　目標規定文の書き方がわかったら、「現代の日本の大学生について」をテーマとしたレポートを書く場合の目標規定文も書いてみましょう。　　　　　　　　[→ 📖 問題演習 P.37]

POINT

・目標規定文は「○○を明らかにすることによって、□□と主張する。」という形で書く。

7.5. 先行研究を読む

　目標規定文ができ上がったら、先行研究を読みましょう。先行研究とは、これから書こうとしているテーマについて、これまでに行われた研究のことをいいます。それらを読むことによって、自分が書こうとしている主張の独自性が明確になります。先行研究では何が明らかになっていて、どのような主張がなされているのか、そして、自分は何を明らかにしようとしていて、どのような主張をしようとしているのかを明確にしましょう。

　その際には「批判的に読む」ということも必要です。それはただ否定することとは違います。様々な視点から、良い点、悪い点を論理的に考えながら読み、自分の見解と同じ点や異なる点を明確にしていく作業です。先行研究の内容自体を否定することもありますが、自分の見解と

どこまで同じなのか、不足点は何かを考えることも、「批判的に読む」ということです。

　自分の主張と先行研究の内容が全く同じに見えてしまうこともあるかもしれません。しかし、よく比較してみると、どこか違いはあるはずです。そこがあなたの独自性です。自分の主張と先行研究の内容をじっくり見比べて、自分の主張をより明確にしましょう。

　先行研究は第3節で学んだ方法で探すことができます。

[📖 参照：06 章 3. 参考文献（資料）の探し方]
[→ 📖 問題演習 P.39]

7.6. 調査を進める
——調査方法を検討する - 調査をする - 調査結果を分析する - 調査結果について意見を持つ

　目標規定文を検討し、先行研究を読むことによって、ある程度、自分がこれから書く文章を通じて主張したい内容が明確になったはずです。その主張により説得力を持たせるためには、どうすればよいでしょうか。さらに詳しいデータが必要だったり、違う観点から調査をすることが効果的な場合もあったりします。調査を進め、結果を分析することは、主張する内容の説得力を高め、また独自性を持たせることにも繋がります。

　また、調査を進めていくと、目標規定文で明らかにしようとしたことに反する例が見つかることもよくあります。そのような場合に、それらの例を無視することは科学的な態度に反するため、絶対にしてはいけません。目標規定文は、あくまでも書き始めるまでの指針です。調査で得られたものから論理的に導き出される内容が、最初に立てた目標規定文の内容に反する場合は、目標規定文の内容を変更していきましょう。　　　　　　[→ 📖 問題演習 P.41]

7.7. 構成を考える

　ここでは序論・本論・結論型の構成について勉強していきます。構成は、文章の論理関係をわかりやすく示すためのものです。構成の整った文章を書くことで、自分の文章の論理的間違いに気づくこともありますし、わかりやすく説得力を持った文章を書くこともできます。もし論理的間違いに気づいた場合は躊躇せずに間違いを正しましょう。学術的文章を書く際には、目標規定文と構成の間を何度も行き来するのが一般的です。

　レポートの序論・本論・結論にはそれぞれ以下のような内容を書きます。

[📖 参照：04 章 2.4. 構成を考える]

三段構成法

序論	a 本論で取り上げる話題を紹介しましょう。 b その話題をなぜ取り上げたのか、説明しましょう。どのような問題があるのか端的に示しましょう。 c 話題の背景を説明しましょう。読み手は書かれている話題について知識を持っていない場合が多くあります。そのような読み手が困らずに本論を読み進められるように、あらかじめ知っておいたほうが良い背景は説明しておきましょう。話題について、これまでどのような研究が行われてきたか、	全体の1-2割の文量

序論	そしてこの文章がそれらの研究とどのように違うのかについても、先行研究を適切に使用し、説明しましょう。 d 本論でどのような調査を行ったかを説明しましょう。本論には調査によって得たデータが示されます。それをどのように集めたのかについて、あらかじめ序論で説明しておきます。（目標規定文の「○○を明らかにすることによって」に相当します） e どのような結論に到達したかを示しましょう。あらかじめ結論を知ったうえで本論を読み進めることは、読み手の理解を助けます。ただし、分野によっては序論に結論を書かない場合もありますので、それぞれの分野に合わせてください。（目標規定文の「□□を主張する」に相当します）	
本論	a 調査の結果得られたデータを示しましょう。この場合、読み手が追認できることが重要です。十分な量のデータを載せましょう。 b 調査の考察を述べましょう。ただデータを載せるだけでなく、そのデータから何がわかるのかということについて説明しましょう。この説明によって、結論に対する説得力が増します。 ＊調査の内容が複数ある場合は、章を複数に分けます。	全体の 6-7割 の文量
結論	a 本論を簡潔にまとめ、そこから導き出される結論を述べましょう。ここに書く内容は、序論 e で示した内容と対応しているはずです。 b テーマについての今後の課題と展望を書く場合があります。今回は触れられなかったけれども、今後調査を行いたい点や、今回の結論が他にどのような問題に繋がっていくのかを書きます。分野によっても異なりますので、担当の教員の指示に従ってください。	全体の 1-2割 の文量

　それぞれ書く内容はたくさんあるように見えますが、ポイントは「自分で問題を出して、自分で答える」ということです。序論で自ら問題提起をし、それに対する答えを述べます。その答えになる理由を本論で示します。そして結論でもう一度答えを示すという流れです。

　ただし、論理的な構成を考えるのは、予想以上に難しいものです。早め早めに準備を進めるように心がけましょう。　　　　　　　　　　　　　　　[→ 📖✏ 問題演習 P.43]

POINT

・「序論 - 本論 - 結論」型の構成は、「自分で問題を出して、自分で答える」流れで書く。

7.8. 本文を執筆する──本文の執筆 - 推敲

　構成が決まったら、それにしたがって本文を執筆します。例えば、次のような形式で書くとよいでしょう。本文執筆の際の具体的な注意点は 13 章を参考にしてください。

[📖 参照：13 章　参考：文章の書き方]

表紙のフォーマット

○曜○限　日本語表現法期末レポート　　　　　　　　　　　　20○○.○.○提出

> 提出する科目の開講曜日時限、科目名を書きましょう。

> 提出する年月日を書きましょう。

レポートタイトル

> レポートのタイトルは、内容の究極の要約です。
> 多少長くなっても構わないので、タイトルを読んで内容がわかるようにしましょう。

学科　学年	○○学科　○年
学 籍 番 号	○○○○○○○○
氏　　　名	○○○○

レポート本文フォーマット

> 表紙がない場合は、科目名・日付・タイトル・名前などは本文の上に記します。

---

1. はじめに

　近年、○○○が問題となっている。○○○とは、・・・・・・・・・・・・である。・・・・・・・・・・・・・・・・・

　このレポートでは、○○○○○○○○○を明らかにする（述べる）。

> POINT　問題の現状や背景を書きましょう。
> 　このレポートの結論はどこに向かうのか、「〜を明らかにする」「〜を述べる」という形式で明記しておきましょう。

2. 先行研究

　○○について、次のような議論がある。例えば、・・・・・・・・・・

　しかし、以上の先行研究は、○○という観点から述べたものであり、□□という点に言及できていない。そこで、本レポートでは、□□という点に注目し、○○について考察をした。

> POINT　引用の形式を使い、先行研究を紹介しましょう。
> 　授業で配布された資料も、先行研究に入ることがあります。先行研究の問題点や、自分の書くレポートとの違いを説明しましょう。

3〜5. ○○○○

> POINT　根拠と意見に、論理的な矛盾はないか、確認しましょう。"3〜5"の数字は目安です。内容に合わせましょう。

6. まとめと今後の課題

　本レポートでは、○○○○に注目し、○○を○○○○○であることを述べた。以上の考察から、○○○は○○○であることが明らかとなった。

　しかし、○○○○○点は、明らかになっていない。今後の課題としたい。

> POINT　章の番号は、本論部分に続く数字を使いましょう。
> 　内容は「1. はじめに」に書いた「○○○を明らかにする」という部分と、矛盾しないように書きましょう。内容が1と同じでも、問題ありません。

【引用・参考文献】

> POINT　必ず書誌情報を載せましょう。

【参考文献】

五野井郁夫ら（2022）『現代用語の基礎知識』自由国民社

木下是雄（1994）『レポートの組み立て方』ちくま学芸文庫

名古屋大学日本語研究会 GK7（2009）『スキルアップ！ 日本語力―大学生のための日本語練習帳』東京書籍

名古屋大学日本語表現研究会（2005）『書き込み式日本語表現ノート』三弥井書店

松浦照子　編（2017）『実践　日本語表現　短大生・大学 1 年生のためのハンドブック』ナカニシヤ出版

イミダス・集英社『imidas』、https://imidas.jp/　（閲覧日：2022 年 11 月 1 日）

ベネッセ教育総合研究所「第 4 回 大学生の学習・生活実態調査報告書　データ集 [2021 年]」、https://berd.benesse.jp/koutou/research/detail1.php?id=5772　（閲覧日：2022 年 11 月 1 日）

07

敬語の知識

・敬語の種類を理解しよう
・各敬語の使い方を理解しよう

　敬語の利用は相手とのコミュニケーションを円滑に図るための１つの手段です。円滑なコミュニケーションを行うためにも、敬語を正しく使いこなせるようになる必要があります。しかし、いつでもこの敬語が正解であるという性格のものではありません。人間関係やその場の状況に応じてより適切な言葉遣いを選ぶことを目指しましょう。一方で適切な言葉遣いを選ぶことを目指すといっても、明らかな間違いや敬語の過不足は避けねばなりません。そこでこの章では、敬語の基本を説明します。

1. 敬語をいつ使うか

　皆さんが敬語を使うのはどのようなときでしょう。決して目上の人と話すときだけではないと思います。同じ文・内容であってもどのような相手に話すかによって、敬語を使うかどうかかえるのではないでしょうか。「その本を貸してほしい」という文を例に考えてみましょう。
　例えば、先生や先輩に言う場合は「そちらの本を貸していただけないでしょうか」のように言うのではないでしょうか。さらに、文の初めに「すみません」や「よろしければ」といった断りを入れる言葉を挟んだり、理由を丁寧に説明したりするかもしれません。
　相手が家族や親友、後輩である場合はどうでしょう。おそらく、先生に言うような言い方はせず、「その本貸してくれない？」といった言い方をする人もいるでしょう。もっとぞんざいに「本貸して」という場合もあるかもしれません。
　それでは、同級生に頼む場合ではどうでしょう。同級生でも親しく交流がある人であれば、家族や親友に頼むような言い方でも問題ないかもしれません。しかし、初めて会った同級生やさほど親しくない同級生にいきなり「その本貸して」といったらどうなるでしょう。ムッとされたり、怪訝な顔をされたりしかねません。多くの場合、先生や先輩に頼むほどではないにせよ丁寧な言い方や改まった言い方をするのではないでしょうか。同級生は目上の人ではありませんが、敬語を使って話す場面を皆さん自身も経験したことがあると思います。

　また、同じ人物であっても関係性が変われば、話し方や接し方も変わります。例えば、親友や家族でもケンカ中やお互いに気まずいことがあった場合、敬語や断りの言葉を入れたいつもと違う言葉遣いになることはないでしょうか。

　ここまで、敬語が目上の人に用いられるだけではなく、様々な場面で登場することを述べてきました。この点をおさえたうえで、敬語にはどのような種類があって、どのようにすれば敬語になるのか、注意すべきポイントはなにかといったことを理解していきましょう。

　現在の敬語の基本方針を示したものは「敬語の指針」（2007）です。敬語に関しては様々な立場がありますが、本書では「敬語の指針」によりながら、敬語について説明していきます。「敬語の指針」では敬語を尊敬語、謙譲語 I、謙譲語 II、丁寧語、美化語の全 5 種類に分割しています。まず、順にそれぞれを説明します。

2.　敬語の種類

2.1.　尊敬語

　尊敬語は相手（または第三者）を高くして敬意を表します。相手（または第三者）の行為・ものごと・状態を立てて述べるときに使います。例えば、「先生が学生に言った」という場面で、先生に敬意を示したいとすると、次のような言い方が適当です。

　　例）先生が学生におっしゃった。

　この場合、先生の行為である「言った」を尊敬語にし、先生に敬意を示しています。

　尊敬語は相手（または第三者）の行為・ものごと・状態を立てるために用います。そのため、自分側の行為・ものごと・状態には使えません。なお、ここでの「立てる」は「言葉の上で人物を高く位置づけて述べる」という意味です。「自分側」については 63 ページを参照してください。

[　　　参照：07 章 6.5. 自分側を立てない]

2.2.　謙譲語

　自分側を低くして（へりくだって）敬意を表します。自分側の行為・ものごと・状態に用います。謙譲語には、話の相手やその場にいない第三者に対して敬意を示すために用いる謙譲語 I、話の相手に自分側の行為やものごとを丁重に述べるために用いる謙譲語 II（丁重語）があります。

謙譲語 I：

　相手側や第三者へ向かう、自分側の行為・ものごと・状態について述べる言い方です。自分側の行為・ものごと・状態を低くし、相手や第三者に敬意を示すものです。「私が先生に言う」という文を例に謙譲語 I を用いて表現すると次のようになります。

例）私が先生に申し上げる。

この場合、「申し上げる」という行為を行うのは「私」、敬意の向かう先は「申し上げる（言う）」を行う「私」でなく、相手である「先生」です。

謙譲語 II（丁重語）：
　話す相手に対して、自分側の行為やものごとを丁重に述べます。また、謙譲語 II においては丁重さを示すために「ます」をつけます。「ます」を使わないのは不自然です。「私は海外へ行く」を謙譲語 II を用いて表現すると次のようになります。

　　（〇）私は海外へまいります。
　　（×）私は海外へまいる。

　この例では「海外」に敬意を示しているのではなく、「私は海外へ行く」を改まった言い方で述べて、話す相手に敬意を示しています。

　尊敬語と謙譲語の違いをまとめると、以下の図のようになります。

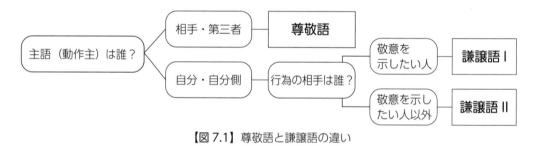

【図 7.1】尊敬語と謙譲語の違い

2.3. 丁寧語
　丁寧語は話や文章の相手に対して丁寧に述べるものです。「です」、「ます（ございます）」の類が該当します。

2.4. 美化語
　ものごとを美化して述べるものです。「お」、「ご」をつけます。

　　例）お酒、お薬、お料理、ご祝儀　など

3. 敬語の作り方

　敬語の作り方は種類によって様々です。尊敬語でいうと「行く」を「いらっしゃる」、「言う」を「おっしゃる」のような特定の語形（以下、特殊形）にする形式が思いあたるかもしれません。

　しかし、特殊形は全ての語に備わっているわけではありません。そのため、多くの語に適用可能な一般的な語形（敬語の作り方）を知っている必要があります。本節ではまず、一般的な語形の作り方を押さえましょう。

尊敬語

> 「… （ら）れる」：五段活用・サ行変格活用（動詞の未然形がア段音）には「れる」を使います。それ以外の場合は「られる」を使います。
> 　例）「読む」⇒「読まれる」、「利用する」⇒「利用される」、「尋ねる」⇒「尋ねられる」、「来る」⇒「来られる」etc.
> 　　　　　　　　　　　　　　　　[📖 参照：13章 1.6.1. 活用形・活用の種類]
> 「…なさる」：「〇〇する」動詞（サ行変格活用動詞）のとき、「〇〇なさる」のようにする。
> 　例）「利用する」⇒「利用なさる」
> 「お（ご）…になる」、「お（ご）…なさる」
> 　例）「使う」⇒「お使いになる」、「利用する」⇒「ご利用になる」、「ご利用なさる」
> 「お（ご）…だ」
> 　例）「読む」⇒「お読みだ」、「利用する」⇒「ご利用だ」
> 「お（ご）…くださる」
> 　例）「読む」⇒「お読みくださる」、「利用する」⇒「ご利用くださる」

　なお、可能であることを表す場合「お（ご）…になれる」の形式にします。例えば、「利用できる」であれば「ご利用になれます」、「乗車する」であれば「ご乗車になれます」のようにします。相手の行為を表す場合に「ご利用できます」、「ご乗車できます」の形式を用いる人がいますが、これは謙譲表現です。注意しましょう。

　特殊形については58ページに表を載せました。謙譲語と共に確認しましょう。

謙譲語 I

> 「お（ご）…する」
> 　例）「読む」⇒「お読みする」、「説明」⇒「ご説明する」
> 「お（ご）…申し上げる」
> 　例）「読む」⇒「お読み申し上げる」

謙譲語 II

> 「…いたす」：「〇〇する」動詞のとき、「〇〇いたします」のようにする。
> 　例）「利用する」⇒「利用いたします」

丁寧語

> 「…です」
>   例）「本だ」⇒「本です」
> 「・・・ます」
>   例）「読む」⇒「読みます」、「説明する」⇒「説明します」

　丁寧語「です」、「ます」については丁寧に表現するだけであり、敬いやへりくだりの気持ちを特に表すものではありません。例えば、「先生がご飯を食べた」を敬語表現として適切なものにする場合、次の（1）のようにするのが普通です。（2）に敬意はありますが、発話としては不自然な表現になります。（3）は自然な表現ではありますが、先生（相手）への敬意は含まれていません。

　　（1）　◡先生がご飯を召し上がりました。
　　（2）　？先生がご飯を召し上がった。
　　（3）　？先生がご飯を食べました。

　つまり、「です」、「ます」をつけた表現であるからといって敬語として十分な表現ではないということです。

美化語

> 「お（ご）…」：名詞（酒、薬、料理、掃除、祝儀、相談　etc.）に使う。
>   例）「酒」⇒「お酒」、「薬」⇒「お薬」、「料理」⇒「お料理」、「掃除」⇒「お掃除」、
>   「祝儀」⇒「ご祝儀」、「相談」⇒「ご相談」
> また、「お・ご」がなじまない語もある（ピアノ、パソコン、エアコン　など）。

---

4. 敬語の一覧

　以下の表は、特殊形と前節までに紹介した形式についての一覧表です。尊敬語では 3 つの形式がありますが、「れる・られる」は他の形式より敬意が弱い形式です。そのため、特殊形が備わっているものは必ず覚え、「れる・られる」以外の形式を積極的に使いましょう。

尊敬語の特殊形と「お〜になる」、「れる・られる」の対照表（「ー」は該当する表現がない）

もとの形	特殊形	「お（ご）〜になる」	「れる・られる」
言う	おっしゃる	ー	言われる
行く	いらっしゃる	お行きになる	行かれる
いる		ー	（おられる）

来る	いらっしゃる お見えになる お越しになる	—	来（こ）られる
教える	—	お教えになる	教えられる
思う	おぼしめす	お思いになる	思われる
買う	お求めになる	お買いになる	買われる
書く	—	お書きになる	書かれる
聞く	—	お聞きになる	聞かれる
気に入る	お気に召す	—	気に入られる
着る	召す お召しになる	—	着られる
くれる	くださる	—	—
…てくれる	…てくださる	—	—
知っている	ご存じである	お知りになっている	知っておられる
する	なさる	—	される
座る	おかけになる	お座りになる	座られる
食べる	召しあがる	お食べになる	食べられる
死ぬ	亡くなる お亡くなりになる	—	—
見る	ご覧になる	—	見られる
待つ	—	お待ちになる	待たれる
説明する	—	ご説明になる	説明される
利用する	—	ご利用になる	利用される

　次に謙譲語の表を示します。謙譲語の２つの形式のうち、特殊形のほうがより敬意が高い形式です。特殊形が存在するものは必ず覚えましょう。

謙譲語の特殊形と「お〜する」の対照表

もとの形	特殊形	お〜する
言う	申す 申し上げる	—
行く 来る	伺う 参る（謙譲語Ⅱ）	—
いる	おる	—
思う	存じる	—
知る	存じ上げる 存じる	—
書く	—	お書きする
聞く	伺う 拝聴する お尋ねする	お聞きする
する	いたす（謙譲語Ⅱ）	—
食べる	いただく	—

もらう	いただく ちょうだいする	―
… てもらう	… ていただく	―
見る	拝見する	―
聞かす	お耳にいれる	お聞かせする
会う	お目にかかる	お会いする
読む	拝読する	お読みする
伝える	―	お伝えする
借りる	拝借する	お借りする
あげる・与える	差し上げる	―
教える	―	お教えする
わかる・理解する	承知する	―
案内する	―	ご案内する
察する	拝察する	お察しする
説明する	―	ご説明する

[→ 　問題演習 P.45]

5. 名詞の敬語について

　ここまで、動詞、形容詞の敬語を中心に扱ってきました。ここでは名詞の敬語について扱います。名詞の敬語は書き言葉を中心として用いられるものが多いです。

尊敬語:「お」、「ご」をつけるもの

> 例)「(相手からの) 手紙」⇒「お手紙」、「(相手の) 説明」⇒「ご説明」など

謙譲語Ⅰ:「お」、「ご」をつけるもの

> 例)「(自分の) 手紙」⇒「お手紙」、「説明」⇒「(自分の) ご説明」など

　一見すると、尊敬語と同じ形式のように見えます。しかし、それぞれの語が相手の行為・ものごと・状態を表わしている尊敬語であるか、自身の行為・ものごと・状態を表わしている謙譲語Ⅰであるかという点で異なります。「私が (私の書いた) 手紙を出します」を謙譲語Ⅰを使って表す場合次のようになります。

　例) 私がお手紙を差し上げます。

「お」や「ご」のような接頭語をつける以外にも様々な形式が存在します。例えば、「貴社」や「弊社」、「様（接尾語）」などです。表にまとめると次の通りです。参照してください。

◎ 尊敬語

「お」、「ご」などの接頭語をつける型	
名前	お名前、ご高名、ご芳名
住所	ご住所
心遣い	ご芳志
（先生からの）手紙	お手紙
「御」、「貴」、「玉」などをつける型	
会社	御社（話し言葉）
	貴社（書き言葉）
学校	貴校
幼稚園・保育園	貴園
原稿	玉稿
〔参考〕形容詞の場合次のようになる	
忙しい	お忙しい
立派な	ご立派な
「様」、「氏」などの接尾語をつける型	
山田	山田様
川合	川合氏
課長の鈴木	鈴木課長
樋口（女性）	樋口女史
接頭語と接尾語の両方をつける型	
一行	ご一行様
相手の父親	ご尊父様

◎ 謙譲語

「お」、「ご」などの接頭語をつける型（謙譲語Ⅰ）	
（先生への）手紙	お手紙
（お客様への）説明	ご説明
「拙」、「小」、「弊」などをつける型	
自宅	拙宅
自分の所属する会社	小社・弊社
自分の意見	愚見
自分の志	微志
人に贈る品物	粗品
「め」、「ども」、「ら」などの接尾語をつける型	
わたし	わたくしめ
わたしたち	わたくしども、てまえども
学生たち	学生ら

ただし、「ら」は近年謙譲の意識が失われつつあり、単なる複数とされる傾向がある。

家族の呼称については様々な場面で使えるので覚えておきましょう。

続柄	祖父	祖母	父	母	子ども（男女の別なく）	息子	娘	夫	妻	兄
尊敬表現（相手の、第三者の）	おじい様	おばあ様	ご尊父様 お父様	ご母堂様 お母様	お子様	お坊ちゃま ご令息 ご子息	お嬢様 ご令嬢 ご息女	ご主人様	奥様	賢兄
謙譲表現（自分の）	祖父	祖母	父	母	―	息子 愚息	娘	夫	妻	兄

6. 敬語の使用について注意すべき点

6.1. 過剰敬語を用いないようにする

1つの語に同じ種類の敬語を重ねて使うものを「過剰敬語」といいます。一般に過剰敬語は不適切とされます。例えば、「読む」を「お読みになる」（「お…になる」）や「読まれる」（「…れる」）とするのは適切ですが、「お読みになられる」のように重ねて用いるのは不適切です。

　ただし、過剰敬語については容認度（問題ないと感じるかどうか）に差があり、一概に不可とも言えません。「酒を飲むか」という文を例にみると次のようになります。

容認度	「酒を飲むか」という文を尊敬語を用いて表現した場合
高　▽　低	a. お酒を召し上がりますか。
	b. お酒を召し上がられますか。
	c. お酒をお召し上がりになりますか。
	d. お酒をお召し上がりになられますか。

　aについては「酒」を美化語にしたうえで「飲む」を「召し上がる」にしており適切といえます。bについては「召し上がる」を用いたうえで「れる」を用いており、過剰敬語ですが、近年はこれも認められる場合があります。認められることがある形式についても、実は過剰敬語であるということを認識しておきましょう。cは「召し上がる」に「お…になる」を重ねており、原則からは不適当とみなされます。dについてはcに加えてさらに「れる」を用いているためこれも同様です。

6.2.「マニュアル敬語」に注意する

　「マニュアル敬語」とは、職場、特に接客の場面での具体的な言語表現などを示すもので、新入職員、アルバイトなどの指導に用いられるものです。

　「マニュアル敬語」は、「守るべきもの」として教えられることが多いです。しかし、ある場でのマニュアルが全ての相手・時に画一的に通用するわけではありません。マニュアルに提示された敬語を画一的に用いるとかえって相手に不快な思いをさせたり、その場に合わない過不足のある敬語になってしまったりします。マニュアルに提示された敬語を使用する際には示された内容を唯一絶対のものとして扱わないことが重要です。

　特に「マニュアル敬語」の中には敬語表現として不適切な物もあることを認識しましょう。

誤った「マニュアル敬語」の例	正しい表現
ご注文の品は以上で**よろしかった**でしょうか。	ご注文の品は以上でよろしいでしょうか。
ご注文の品はおそろいに**なり**ましたか。	ご注文の品はそろいましたでしょうか。 ご注文の品はおそろいでしょうか。
コーヒーに**なり**ます。	コーヒーでございます。
お弁当**のほう**は温めますか。	お弁当は温めますか。
一万円**から**お預かりします。	一万円をお預かりします。

6.3. 目上の人（上位者、立てる相手）に使ってはならない表現に注意する

　敬語表現として間違っていなくても目上の人（上位者）に対して使うと失礼にあたる表現があります。相手を不快な気持ちにさせないためにも適切な表現を選んで話すことが重要となります。

(A) 「ご苦労様（です）」

問題となる表現	問題ない表現
ご苦労様です。	お疲れ様です。

　「ご苦労様」は基本的に自分側のために仕事をしてくれた人に対して「ねぎらい」の気持ちを込めて用いる表現です。「ねぎらい」は目上（上位者）から目下（下位者）に向けたものになるため、目上の人に対しては用いない方がよいとされます。

(B) 「了解しました」

問題となる表現	問題ない表現
了解しました。	承知しました。／かしこまりました。

　何かを引き受ける依頼や提示された内容に「了解しました」と返されることに不快感を覚える人もいます。「承知しました」や「かしこまりました」の場合は問題ないとされます。

(C) 能力や願望の尋ね方

問題となる表現	問題ない表現
（ア）部長はフランス語もおできになるのですか。	部長はフランス語もお話しになりますか。 部長はフランス語もお話しになるのですか。
（イ）コーヒーをお飲みになりたいですか。	コーヒーをお飲みになりませんか。 コーヒーはいかがですか。

　（ア）は目上（上位者）に対してその能力を、（イ）は願望を直接尋ねている点に問題があります。事実を問う形にするなど直接的な表現を避けて問いかけるようにするとよいでしょう。

6.4. 慣用句の一部を敬語にしない

　慣用句はそれ自体が1つの句であるので、一部を敬語に変更することはできません。
　慣用句が指す意味を慣用句によらず述べたうえで敬語を用いましょう。

誤った表現	適切な表現
重い口をお開きになりました。　　（重い口を開く）	心中をお話しくださいました。
その噂は根も葉もございません。（根も葉もない）	その噂は何も根拠がございません。
道草を召し上がりました。　　　　（道草を食う）	寄り道をなさいました。

6.5. 自分側（自分の家族、所属する会社の人、身内）を立てない

　尊敬語を使うことにふさわしくない対象は自分（話し手）以外にも存在します。例えば、自分の親族（祖父母、父母、兄姉）や、同じ組織に所属する人物（上司）など身内にあたる人について、外の人に話す場合などには用いないのが一般的です。

A. 【ソトの人に】
  a-① ×父は来週海外へいらっしゃいます。
  a-② 　父は来週海外へ行きます。
  a-③ 　父は来週海外へ参ります。

　a-①は「自分側」の人間である父に対して尊敬語を用いているため誤りです。a-②は「父は来週海外へ行く」を「ます」を使って丁寧に述べるものであり正しいです。また、a-①と異なり、「父」に尊敬語を用いていない点でも問題ありません。a-③「参ります」の「参る」は謙譲語Ⅱです。敬語を使っているものの、謙譲語Ⅱを用いることで自分側の行為を相手に対して丁重に述べているだけであり、問題ありません。

B. 【ソトの人に】
  b-① ×明日父のところへ伺います。
  b-② 　明日父のところへ行きます。
  b-③ 　明日父のところへ参ります。

　b-①は謙譲語Ⅰ「伺う」を使うことで「向かう先の人物」である「父」を立てていることになります。そのため自分側である「父」を立てることになり、不適当です。b-②では丁寧語「ます」を使い、丁寧に述べるものであり正しいです。b-③は自分側のことを丁寧に言うための謙譲語Ⅱを使っており、丁重な述べ方です。表現としても問題なく、正しいです。

C. 【社外の人に上司である田中部長を紹介する。】
  c-① ×私の上司の田中部長です。
  c-② 　こちらは部長の田中です。
  c-③ 　私の上司の田中です。

　一般的に上司にあたる人物には敬意を払うために尊敬語を用いますが、「自分側」の人間となる場合には尊敬語を用いません。社外の人に対しては上司も同じ会社（同じ側＝自分側）の人間となります。そのため、社外の人間に上司を紹介するという今回の場面では、c-①で示した「田中部長」のように敬称となる接尾語（c-①の場合、「部長」）は付しません。

D. 【かかってきた電話に対して】
  相手：「田中部長はいらっしゃいますか」
  d-① ×田中部長はいらっしゃいます。
  d-② ×田中部長はいます。
  d-③ 　部長はおります。
  d-④ 　田中はおります。
  d-⑤ 　部長の田中はおります。

　d-① は自分側の人間である「田中」に敬称である「部長」を付す点、尊敬語「いらっしゃる」を用いる点で不適当となります。d-② は d-① 同様「部長」が敬称であり、不適当となります。「います」も謙譲表現ではありません。

6.6. 「謙譲語＋尊敬の助動詞」と尊敬語の混用

　以下では相手に対して尊敬語を使うべきところを「謙譲語＋尊敬の助動詞（れる・られる）」の形で表しています。尊敬の助動詞をつけたとしても、尊敬表現にはなりません。

　（1）【苦情の電話に応対する場面で】
　　お客様が<u>申され</u>たことを真摯に受け止めます。
　（2）【田中部長に来客を取り次ぐ場面で】
　　田中部長、お客様が<u>参られ</u>ました。

　（1）の下線部は、相手の動作に謙譲語「申す」＋尊敬の助動詞「れる」を使っている点で誤りです。（2）の下線部は、謙譲語「参る」＋尊敬の助動詞「れる」となっている点で誤りです。

6.7. 授受動詞の敬語

　「…てくれる」や「…てもらう」といった授受動詞を敬語にする方法は次の通りです。

> 「…てくれる」⇒「…てくださる」・「お（ご）…くださる」（尊敬語）
> 　例）「話す」⇒「話してくださる・お話しくださる」、
> 　　　「利用する」⇒「利用してくださる・ご利用くださる」
> 「…してもらう」⇒「…ていただく」・「お（ご）…いただく」（謙譲語）
> 　例）「話す」⇒「話していただく・お話しいただく」、
> 　　　「利用する」⇒「利用していただく・ご利用いただく」

　人に何かを行ってもらったことを授受動詞の敬語で表現する場合、相手（行った人）の動作に対しては尊敬語を使い、自分側が「してもらった」ことに対して謙譲語を使います。相手の動作には尊敬語ではなく、謙譲語を用いないことが求められます。次に示した例を見てみましょう。

授受表現の敬語

敬語を使わない文	先生が説明してくれる。	先生に説明してもらう。
間違った例	先生がご説明し<u>てくださる。</u>	先生にご説明し<u>ていただく。</u>
正しい例	先生がご説明くださる。 先生がご説明をしてくださる。	先生にご説明いただく。 先生にご説明をしていただく。

　間違った例では「説明する」の謙譲語「お（ご）…する」に「てくださる」や「ていただく」をつけた形になっています。相手の動作である「説明する」に謙譲語を用いる点で誤りで

す。一見すると正しい例と類似していますが、区別して使いましょう。

[→ 📖 問題演習 P.45]

7. クッションことば

　人間関係を円滑にするためのコミュニケーションスキルの１つに「クッションことば」が挙げられます。「クッションことば」とは、依頼や断りなどの場面で、相手になるべく不快な思いをさせないようにするために添えることばです。以下に「クッションことば」の例を挙げます。

クッションことばの例

場面	クッションことば①	クッションことば②
依頼の場面	大変 誠に	恐れ入りますが／恐縮ではございますが／お手数をおかけいたしますが／失礼ではございますが／申し訳ございませんが／ご面倒ですが／よろしければ／お差し支えなければ
断りの場面	甚だ 非常に	申し訳ございませんが／せっかくのことではございますが／残念ではございますが／失礼ですが／あいにくですが

　基本的にはクッションことば②（「恐れ入りますが」など）だけで十分ですが、適宜クッションことば①（「大変」など）を使いましょう。

【相手に所定の用紙への記入を求める場合】
　大変恐れ入りますが、こちらの用紙にご記入願います。

【結婚披露宴への参加を求められたが、出席できない場合】
　甚だ残念ではございますが、都合がつきませんので欠席させていただきます。

[→ 📖 問題演習 P.49]

POINT

・敬語には尊敬語、謙譲語Ⅰ、謙譲語Ⅱ、丁寧語、美化語の５種類がある。
・尊敬語、謙譲語には特殊形と一般的な形がある。
・過剰敬語や敬語の種類の混同に気を付ける。

【参考文献】

菊池康人（2010）『敬語再入門』講談社

松浦照子　編（2017）『実践　日本語表現　短大生・大学1年生のためのハンドブック』ナカニシヤ
　　出版

文化庁「けいごおもしろ相談室」

　　https://www.bunka.go.jp/seisaku/kokugo_nihongo/kokugo_shisaku/keigo/index.html

　　（閲覧日：2023年1月6日）

文化庁（2007）「敬語の指針」

　　https://www.bunka.go.jp/seisaku/bunkashingikai/kokugo/hokoku/pdf/keigo_tosin.pdf

　　（閲覧日：2023年1月6日）

メールの書き方

- ・メールの構成を理解しよう
- ・メールの書き方を知ろう
- ・実際にメールを書いてみよう

　大学生活や就職活動、ビジネスの場では、コミュニケーションツールとしてメールが多用されています。いまやメールが使えなければ、大学生活も仕事も成り立たないと言ってよいでしょう。学生のみなさんも、メールを正しく使えるようにならなければなりません。しかし、何もしないで自然に、適切なメールが書けるようにはなりません。適切なメールを書くためには、メールの書き方のルールを覚える必要があります。そこで本章では、大学生活やビジネスの場で欠かせない正しいメールの書き方を学んでいきます。

1. メールの構成

　メールは以下のように構成されています。

メールの構成要素

① 宛先（TO）：メールを送信する相手のメールアドレスを書きます。複数設定も可能です。

② CC：メールを共有したい人物のメールアドレスを書きます。宛先（TO）の人物とCCの人物はお互いのメールアドレスを見ることができます【図 8.1】。複数設定も可能です。必要のないときは空欄にします。

③ BCC：メールを共有したい人物のメールアドレスを書きます。BCC の人物は宛先（TO）・CC の人物のメールアドレスを見ることができますが、宛先（TO）・CC の人物はBCC の人物のメールアドレスを見ることができません【図 8.2】。複数設定も可能です。必要のないときは空欄にします。また、送信したい相手を全員 BCC にしたい場合は、宛先（TO）に自身のメールアドレスを入れることもあります。

④ 件名：メールの件名（タイトル）を書きます。誰から送られてきたのか、どのような内容なのかがすぐにわかる件名を付けましょう。

⑤ 本文：宛名、あいさつ、送信者の情報、本題で構成されます。本題は目的と用件を簡潔に書きます。

⑥ 署名：メールの最後に、自身の所属・名前・連絡先を書きます。

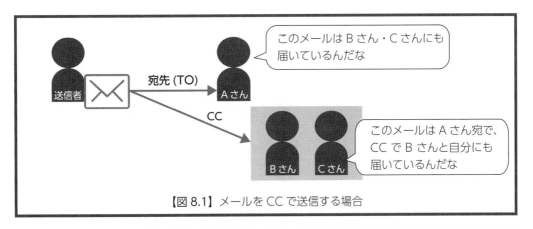
【図 8.1】メールを CC で送信する場合

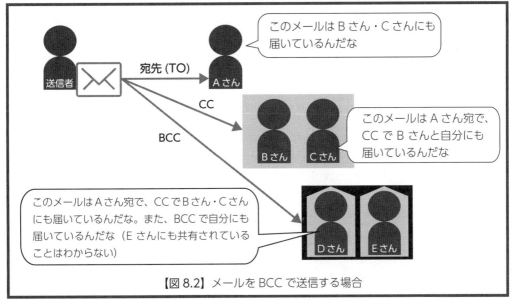
【図 8.2】メールを BCC で送信する場合

　CC・BCC の使い方を間違えると、個人情報の漏洩にも繋がります。それぞれの違いを理解し、状況に応じて使い分けられるようにしておきましょう。　　　　　　　[→ 📖 問題演習 P.51]

　それでは、メールの例を確認し、メールを書く際のポイントを押さえましょう。

2.　例 ①　依頼メール

＜悪い例＞

○ 以下は依頼メールの例です。改善した方が良い点がいくつか含まれています。どのような
　点を修正したら良いか確認しましょう。

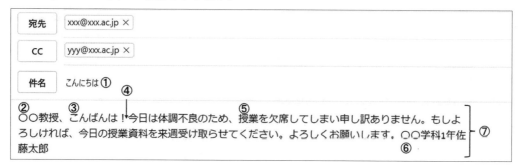

改善すべき点

① 件名	「こんにちは」では、メールの内容がすぐにわからないため不適切です。社会人になるとたくさんのメールに対応しなければなりません。メールを開かなくてもどのような内容か大まかにわかる件名を付けると、メールの受信者に対して親切です。また、誰からのメールかすぐにわかるように、カッコで自分の所属・名前も入れるとより良い件名になります。
② 宛名	「教授」は肩書であるため、ふつう使用しません。大学教員にメールを送る場合は、「先生」を使いましょう。また、CC にもメールを送る場合は、CC の相手の名前も書きましょう。宛名の下にカッコ書きで書くのが一般的です。BCC に送る場合は、本文に BCC の相手の名前を書く必要はありません。 　なお、学外の人に送る場合は「名前＋様」と書きます。特にその人がある団体に所属する場合は、「団体名＋名前＋様」と書きましょう（例：株式会社○○人事部　○○様）。また、個人宛ではなく団体に対して送る場合「団体名＋御中」と書きます。「様」と「御中」を併用することはありません。
③ あいさつ	メールの受信者がどの時間帯にメールを確認するかはわかりません。どの時間帯に見ても問題がないように、「おはようございます」や「こんばんは」など時間帯が特定されるあいさつは避けましょう。大学の教員や社外の人などには「お世話になります／お世話になっております」を、社内の相手など身内には「お疲れ様です」を使用します。また、初めてメールを送る相手には「突然のご連絡、失礼いたします」などを使うこともあります。
④ 送信者情報	上の例では、本題の前に送信者の情報が書かれていません。誰から送られてきたメールなのかがわかるように、宛名の次に送信者の情報（所属・名前・学籍番号）を書きましょう。特に、大学の教員はたくさんの授業を受け持っているので、どの授業を受講している学生なのかわかるように書けると良いです。

⑤本題	前ページの例では授業を欠席したことを謝罪しています。しかし、それよりも連絡が授業後になってしまったことを謝罪すべきです。
⑥署名	所属や名前だけでなく、連絡先も書きましょう。「＊＊＊＊」などを使って本文と区切るのも有効です。
⑦レイアウト	前ページの例では一行の文字数も多いうえに、改行が少ないので、視覚的にかなり見にくいです。メールには、メールでしか使わない独特のレイアウトが存在します。例えば、次のような点です。 ・一行の長さを 20 〜 30 字にする ・適宜、改行や空行を入れる 　（一文が長い場合は、文の途中でもキリの良い箇所で改行する） ・装飾的な記号（例：♡　⁂　◇）や色は使わない 　（相手側がメールを開いたときに文字化けする恐れがあるため） 適切なレイアウトを用いて、相手が読みやすくなるように工夫しましょう。

＜修正後の例＞

○以下は＜悪い例＞を修正したものです。どのような点が改善されたか話し合ってみましょう。

メールにおける敬語の使い方

依頼メールでは、目上の人に対して何かをお願いすることが少なくありません。目上の人とやりとりをするので、当然敬語を用いて依頼を行うことになります。しかし、敬語は敬語でも、目上の人に「てください」のような命令形を使用するのは、あまり適切ではありません。一方的に要求している印象を与えてしまうからです。では、どのような表現を使えば、一方的な印象を与えずに済むのでしょうか。

それは疑問形とクッションことばです。「〜でしょうか」「〜ていただけませんか」のような疑問形を使うと、相手に判断をゆだねている表現になります。そのため、こちらの要求を一方的に通している印象が薄れるのです。また、「お手数お掛けしますが」「たいへん恐れ入りますが」のような、いわゆるクッションことばを使用して、謙虚な態度を示すのも効果的です。上手に敬語を使用して、より良いメール文を書けるように練習しましょう。

[📖 参照：07章7. クッションことば]

3. 例②　お礼メール

＜悪い例＞

○ 以下はお礼メールの例です。改善した方が良い点がいくつか含まれています。どのような点を修正したら良いか考えて、書き出してみましょう。なお、件名に修正すべき点はありません。　　　　　　　　　　　　　　　　　　　　[→ 📖 問題演習 P.52]

宛先	❌ xxxxxxx@xxx.co.jp ✕
CC	

Re: 面接日程のご連絡（株式会社○○人事部○○○○）

株式会社○○人事部○○○○様御中　この度は面接日程のご連絡をいただき、ありがとうございます。ご提示いただいた27日に伺わさせていただきます。何卒よろしくお願い申し上げます。鈴木花子

返信メールの注意点

・CC の入力
→ CC にメールアドレスが設定された状態で届いたメールに、返信をしなければならないことがあります。このような場合、返信メールでも CC にその人のメールアドレスを入力する必要があります。忘れずに入力しましょう。メールによっては全返信の機能（CC のメールアドレスにも自動的に返信される機能）が付いている場合もあります。確認しておきましょう。

・件名を書き換えない

→返信の場合、もとの件名の先頭に「Re;」（返信であることを表す文字）が付きます。この件名を勝手に書き換えてはいけません。受信者が「どのメールに対する返信なのか」すぐに把握できるようにするためです。

・間を置かない

→もとのメールが届いてから、なるべく間を置かずに返信しましょう。何日も間を空けると、もとのメールの送信者から「メールを見てくれていないのかな」と思われてしまいます。1、2日後を目安に返信しましょう。「○月○日までにご返信ください」と期日が示されている場合も、なるべく期日直前にならないように返信すべきです。

・メールの往復は最小限にする

→返信を重ねて何往復もメールのやりとりを行うのは、あまり望ましくありません。「送信（例：依頼）→相手からの返信（例：依頼承諾）→送信（例：了解と御礼）」など、1往復半程度に済ますのが適切です。メールのやりとりが何往復も続いてしまうのは、最初に送るメールに必要な情報が不足していたり、説明がわかりにくかったりすることが原因です。少ないやりとりで済むように、1通目のメールから必要な情報をわかりやすく提示するよう心がけましょう。

4.　実際に書いてみよう

　メールを上手に書けるようにするには、実際に書いてみるしかありません。臆せず何度も書いて練習しましょう。まず手始めに、実際のメールを想定した例題に挑戦してみましょう。

[→ 📖 問題演習 P.53]

POINT

・メールは宛先（TO）、CC、BCC、件名、本文、署名で構成されている。
・メールでは、相手に失礼がないか（例：送信者の情報を明記する）、相手にとって読みやすいか（例：適宜、改行・空行を入れる）に注意する。
・メールを上手に書けるようにするために、実際に書いて練習する。

【参考文献】

愛知淑徳大学初年次教育部門　編（2021）『日本語表現 T1　第 13 版』愛知淑徳大学

小出祥子・浅岡悦子・川村祐斗（2022）「「日本語表現 A」におけるメールの書き方の指導とその効果」『名古屋短期大学研究紀要』60 号 pp.1-13、名古屋短期大学

遠藤聡「CC・BCC とは？　使い方と注意点。BCC で一斉送信する3つのリスク－Benchmark Internet Group」https://www.benchmarkemail.com/jp/blog/cc-bcc/　（公開日 2021 年 8 月 9 日、閲覧日 2022 年 7 月 24 日）

インタビューの方法

> ・インタビューの意義を知ろう
> ・インタビューの方法を学ぼう
> ・実際にインタビューをしてみよう

　大学生や社会人になると初対面の人と会話をする場面も増えてくるでしょう。一方的な発話だけでなく、相手と対話をすることで円滑な人間関係を築くことができます。対話を通して話が広がり、思いもよらない発見をする場面もあるでしょう。

　ここではインタビューを通して、対話の実践をしていきます。

1. インタビューの意義

　インタビューは、相手との対話を通じて情報を得る方法です。話しやすい雰囲気を作るなどして、うまく対話を進めることで、インターネットや書籍などには書かれていない情報を得ることができます。しかし、対話の方法によっては、得たい情報が得られなかったり、まとまりのない「おしゃべり」に終わってしまったりすることもあります。

　ここでは有意義なインタビューを行うために、インタビューの準備段階から、インタビューの方法を学んでいきます。

　インタビューには様々な形態があります。

● 人数

● 方法

| 対面 | メール・書面 | ビデオ通話 |

　この他に、インタビューを行う場所や時間にも留意する必要があります。以下、特に対面でのインタビューを想定して、注意点などを見ていきます。

2. インタビューの流れ

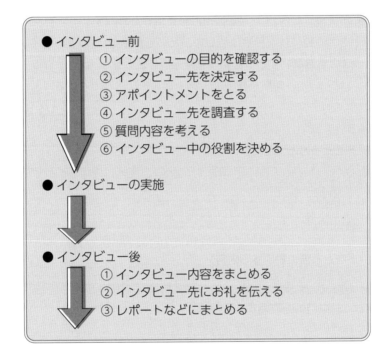

● インタビュー前
　① インタビューの目的を確認する
　② インタビュー先を決定する
　③ アポイントメントをとる
　④ インタビュー先を調査する
　⑤ 質問内容を考える
　⑥ インタビュー中の役割を決める

● インタビューの実施

● インタビュー後
　① インタビュー内容をまとめる
　② インタビュー先にお礼を伝える
　③ レポートなどにまとめる

　インタビューは大きく分けて、「インタビュー前」・「インタビュー中（インタビューの実施）」・「インタビュー後」の3つに分けられます。このうち、1つでも行わないと、インタビューの成果が十分に得られない可能性があります。次節でそれぞれの活動の具体的な内容を学んでいきましょう。

2.1. インタビュー前
① インタビューの目的を確認する
　インタビュー先を決める前に、インタビューの目的を明確にします。何が知りたいのか、なぜインタビューをするのか、インタビューした結果をどのように活用するかなど、最初に目的を確認します。目的が曖昧なままインタビュー活動を行ってしまうと、インタビュー先の選択や質問内容を効果的に決定することができません。

　また、おおよそのインタビュー時間も想定しておきましょう。インタビュー時間が曖昧なままでは、質問の数や内容が定まりません。ただし、相手の都合によってインタビュー時間は替わるため、ここで決めた時間を厳密に守る必要はありません。　　[→ 📖 問題演習 P.55]

② インタビュー先を決定する

　インタビューの目的を明確にしたうえで、その目的を達成するために最適なインタビュー先を探します。インタビュー先は個人だけにとらわれず、企業や団体、施設など様々な選択肢から考えましょう。その際、希望する相手からインタビュー許可が出ない可能性がありますので、複数の候補を考えておきましょう。　　　　　　　　[→ 📖 問題演習 P.55]

③ アポイントメントをとる

　インタビュー先が決定したら、インタビュー許可を得るためのアポイントメントをとります。アポイントメントをとる際には「相手は忙しい」という前提で、「わざわざインタビューの時間をとってもらうことをお願いする」という意識を持ちましょう。また、インタビュー許可が得られた場合も、「忙しい中、時間を作ってインタビューに応じてくれる」という感謝の気持ちを伝えましょう。　　　　　　　　　　　　　[→ 📖 問題演習 P.55]

〈アポイントメントをとる方法〉

- メールまたは手紙で申し込む
- 電話で申し込む
- 直接申し込みに行く

〈アポイントメントをとる際に説明する内容〉

- 自己紹介をする（所属と名前）
- インタビューの目的を説明する
- インタビューのおおまかな時間を伝える
- インタビューをどのように活用するか伝える（報告会・レポート・論文など）
- インタビュー先の都合のいい日時を伺う（複数の候補日時を提示する）
- いつまでに返事が欲しいかを伝える

④ インタビュー先を調査する

　インタビュー許可がとれたら、次はインタビュー先の調査を行います。せっかくインタビューをするのに、調べればわかる内容を質問していてはインタビュー時間が無駄になってしまいます。インターネットや書籍などで公開されている情報は事前に調べておきましょう。

　また、事前に調査をすることで、より深い話を聞き出すことができます。

　　　　　　　　　　　　　　　　　　[→ 📖 問題演習 P.57]

〈調査方法〉

> ● 公式 WEB サイト
> ● 公式 SNS
> ● インタビュー先が発行している雑誌・書籍・パンフレットなど
> ● 新聞記事

⑤ 質問内容を考える

　事前調査に基づいて質問の内容を考えます。インタビューの目的に合った内容や、事前調査の結果、さらに掘り下げて聞きたいことなどをリストアップしていきます。質問は同じテーマの内容ごとに分け、よりスムーズなインタビューになるよう、聞く順番も考えましょう。インタビュー時間が余った時を想定し、質問は多めに用意しておきましょう。実際には使わない質問があっても構いません。

　※質問内容は相手のプライバシーに配慮するよう注意しましょう。

　※質問項目を読みながらインタビューする場合は、必ず紙で用意しましょう。スマートフォンを見ながらのインタビューは相手に不快感を与える場合があります。

[→ 📖 問題演習 P.57]

質問の種類

> ● クローズドクエスチョン（YES・NO で答えられる質問）
> 【例】「トマトは好きですか」
>
> | メリット | デメリット |
> |---|---|
> | ● 選択肢が YES か NO なので、答えやすい。
● 相手の考えや事実を明確にできる。 | ● 相手の答えを限定してしまう。
● 対話が続かない。 |
>
> ● オープンクエスチョン（「なぜ？」など理由や根拠、「どのような？」などの詳細を問う質問）
> 【例】「なぜトマトが好きなんですか」
>
> | メリット | デメリット |
> |---|---|
> | ● 相手からより多くの情報を引き出すことができる。
● 対話が広がる。 | ● 相手が答えに困る場合がある。 |

　インタビュー中は《クローズドクエスチョン》と《オープンクエスチョン》を組み合わせて"対話"をします。クローズドクエスチョンの場合でも、相手によっては話を広げてくれる場合があります。その時は、用意した質問以外にも、インタビュー中に対話をすることで質問内容を広げ、より深い話を聞き出しましょう。

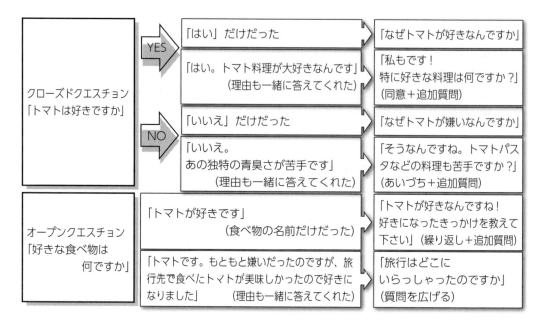

〈良い質問〉

- 1つの質問に1つの内容
- 相手に質問の意図が伝わる内容
- 〈事実〉だけでなく、相手の〈考え〉を聞き出せる質問

⑥ インタビュー中の役割を決める

　インタビュー中に行うことは、質問だけではありません。インタビュー内容をメモしたり録音したりして、インタビュー後にまとめる必要があります。場合によっては写真撮影を行うこともあります。事前に何が必要か考えておきましょう。

　1人でインタビューを行う場合は全て1人で行う必要がありますが、複数人でインタビューを行う際は、誰がどの質問をし、誰がメモを取るのかなど、事前に役割分担が必要です。

　※録音や撮影をする場合は、相手に必ず許可をとって下さい。　[→ 📖 問題演習 P.57]

インタビュー前《まとめ》

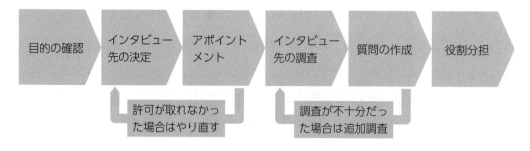

2.2. インタビューの実施

準備が整ったら、実際にインタビューを行います。　　　[→ 📖✎ 問題演習 P.59]

● インタビュー開始前

　必ず自己紹介を行って、インタビューの目的を説明して下さい。録音や録画、写真撮影を行う場合は、この時、必ず相手に許可を取りましょう。録音を行わない場合はメモをとります。

● インタビュー中

　用意してきた質問だけでなく、相手の返答に合わせた"対話"を行いながらインタビューして下さい。

　インタビュー先の相手が自ら積極的に話してくれるとは限りません。時には一言で回答が終わってしまうことがあります。複数人でインタビューをしている場合は、事前に決めてきた役割に囚われずに全員で"対話"を広げて下さい。"対話"が広がったことで、残り時間が少なくなった場合は、用意した質問を全てする必要はありません。

[→ 📖✎ 問題演習 P.61、P.63]

〈聞き取りのテクニック〉

> 　相手の話を聞いて、理解しようとしている態度を見せることで、相手も話しやすくなります。
> 　　例）あいづち・繰り返し・言い換え

〈メモをとる時の注意点〉

> ● 一字一句全てを書きとめるのではなく、キーワードや要点のみを書きとめる
> ● 素早く書きとめるために、自分がわかる範囲での省略語や記号を活用する
> ● 日付や場所、量など、具体的な数字や固有名詞は正確に書きとる
> ● 後で見返して、内容が把握できるよう書きとる
> 　（まとめの時間がある場合は、自分がわかる範囲のメモで構わない）
> ● 相手を見ながらメモをとる

　メモはあくまでも補助的なものです。綺麗なメモを取る必要はありません。インタビュー中に最も大切なのは相手と"対話"することです。

● インタビュー終了後

　忙しい中、時間をとってもらった感謝の気持ちを口頭で伝えましょう。

インタビューの実施《まとめ》

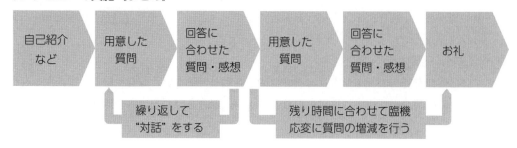

2.3. インタビュー後

① インタビュー内容をまとめる

インタビューを終えたら、インタビュー内容をまとめる必要があります。

メモの場合は、キーワードや要点、省略語で書かれているため、時間が経ってから読み返してもわかるようにまとめます。録音・録画の場合は、話している内容を文章にまとめる必要があります。

その際、インタビューの目的を思い出し、インタビューを行った結果「何がわかったのか」「どのような気付きがあったのか」「何を得ることができたのか」「これからどのように生かしたいか」などを考えましょう。

② インタビュー先にお礼を伝える

インタビュー先に、インタビューを受けてくれたことのお礼を伝えます。インタビューで得られたことを簡単に伝え、「忙しい中、時間を作ってインタビューに応じてくれた」という感謝の気持ちを伝えましょう。

〈お礼を伝える方法〉

- メールまたは手紙で伝える
- 直接伝える
- 電話で伝える（簡易的な方法となるため、できれば上記の方法で伝える）

〈お礼の際に伝える内容〉

- 忙しい中、インタビューを受けていただいたことに対する感謝を述べる
- インタビューによって何が分かったか、これからどのように生かしたいかなどを伝える
- 聞き残したことや確認し忘れたことがあれば、再度質問をする（返事の方法も伝える）
- インタビューをどのように活用するか伝える（報告会・レポートなど）
- 再度、感謝を述べる

③ 報告準備

インタビュー結果の報告がある場合は、報告準備をします。

様々な報告方法がありますので、それぞれの方法に合った報告をして下さい。報告には必ず、どこの誰にインタビューをしたのかがわかるようにして下さい。インタビュー相手に、本名を報告する許可が得られなかった場合は、仮の名前（例：佐藤さん（仮））や記号（例：Aさん）で報告します。　[　　　　参照：05章　報告型レポートの書き方、10章　発表の方法]

インタビュー後《まとめ》

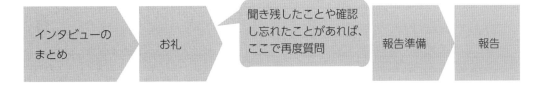

```
POINT
```
- ・インタビューでは、インターネットや書籍などの文章だけではわからない情報を得ることができる。
- ・インタビューをする前に、「なぜインタビューをするのか」「インタビューで何が知りたいのか」など、目的を明確にする。
- ・インタビュー中は、用意した質問をするだけでなく、"対話"を発展させ、より深い話が聞けるように工夫する。
- ・インタビューをするだけで終わらずに、インタビュー後は「何を学んだか」「何を得たのか」をまとめる。

【参考文献】
松浦照子　編（2017）『実践　日本語表現　短大生・大学1年生のためのハンドブック』ナカニシヤ出版

10 発表の方法

- ・発表資料の作り方を学ぼう
- ・前に立って発表できるようになろう
- ・質疑応答の流れを知ろう

　この章では、発表の仕方を学びます。

　大学生になると、プレゼンテーションの機会が増えます。資料を作って臨むこともあるでしょう。ここでは、その際に気を付けるべきことと、資料の作り方を学びます。また、発表を聞く際には、メモを取ったり、質問をしたりすることもあります。発表の仕方だけではなく、発表の聞き方、司会の仕方など、発表する場全体をどのように作り上げていけばよいのか学習します。

1. 発表資料の作り方

　発表資料を作る際には、「何を伝えたいのか」ということを発表者自身が明確にしておくことが大切です。以下のような手順で、レジュメやスライドの作成に取り掛かりましょう。

1. 発表における主張を 1 つに絞る
2. その主張に説得力を持たせるための資料を厳選する
3. 聞き手にとってわかりやすい順番で資料を示す

　また、最初からパソコンに向かう必要がない人もいるかもしれません。紙の方が自由度が高く、アイデアを生み出しやすいこともあります。作業を進めながら周囲の人に相談することも、考えを整理する上で役立つでしょう。自分に合った方法を見つけていきましょう。

1.1. レジュメ

　発表する際に、聞き手の手元に配布する資料をレジュメと呼びます。レジュメには、口頭での発表だけでは伝わりにくい情報を補足する役割があります。以下の要素を盛り込みます。

[→ 問題演習 P.65]

テーマ	何について発表するのか述べましょう。レジュメの中では、まず「タイトル」として端的にまとめ、改めて「はじめに」でも説明します。
発表者の所属と名前	発表するときには、その内容に責任を持たなければなりません。誰が発表しているのか明確に書きましょう。 名前のほかに、発表者の所属先を示すものとして、大学名や学部、学科、学年、学籍番号などを記します。聞き手にとって、どの情報が必要となるかは替わります。例えば、学外の人にとっては、大学名と学部学科がわかれば十分な場合もありますし、大学の授業で発表する場合は、学部、学科、学籍番号を書いた方が良いでしょう。発表後に聞き手からのコメントが欲しい場合、メールアドレスなどを載せることもあります。
発表の背景	なぜこの発表をするのか、聞き手にわかりやすく説明します。テーマについて、どのような問題があるのか説明します。先行研究がある場合は、先行研究の足りない部分や自分の研究との違いを述べることも、発表の背景となります。 レジュメの中では「はじめに」に記されることが多い内容です。「資料・データ」や「考察」の内容を聞き手が理解するために必要だと思われる予備知識を書きましょう。
発表の目的	何を報告することを目的とした発表なのか、簡潔にまとめます。すなわち、どのような調査を行いどのような結論に至ったのかを示します。 レジュメの中では「はじめに」に記されることが多い内容です。発表の内容・道筋などを予告しておくことで、聞き手は「資料・データ」や「考察」を理解しやすくなります。
資料・データ	行った調査内容を具体的に示します。実験などを通して得たデータや、調べた資料など、客観的なデータを提示し、結論が客観的に導かれたものであることを示します。 レジュメを基に、結論が妥当かどうかについて聞き手が判断できるように、必要なデータや資料は全て掲載しましょう。また、聞き手が資料にたどり着けるように、"出典"は必ず明記しましょう。
考察	「資料・データ」を分析して、わかったことを記します。
結論	発表全体の主張です。レジュメでは「まとめと今後の課題」に記される内容です。「資料・データ」や「考察」に示した資料・データを根拠として、論理的に導かれた内容を書きます。
展望	今回のテーマが今後どのように発展していくかについての予想や、今後さらに調べるべきだと考えたことなどを述べます。レジュメでは「まとめと今後の課題」に記される内容です。
参考文献	発表するにあたって参考にした文献、資料などを一覧の形で記します。 [　参照：06章 4.4. 出典の示し方]

　レジュメは以下のように見出しをつけて作成します。スライドも使用する発表では、見出しの名称や情報を載せる順番をスライドとレジュメで一致させましょう。

　※ A4サイズの見開き2ページでレジュメを作成した場合のイメージです。

科目名　　　　　　　　　発表年月日	2.3　○○
テーマ 所属　名前 1．はじめに 　発表の背景と目的を記します 2．○○ 2.1　○○ 　資料・データを示します 2.2　○○ 　資料・データを示します	資料・データを示します 3．考察 　考察を記します 4．まとめと今後の課題 　結論と展望を記します 参考文献 　「06章 4.4.　出典の示し方」に従って 　参考文献を示します

1.2. スライド

　プレゼンテーションを効果的に行うために、スライドが用いられる場面もよくあります。スライドは、発表内容を聞き手に視覚的に訴える効果があります。レジュメよりもポイントを絞り、視覚的に効果のある情報を載せましょう。では、どのようなスライドを用いると効果的なのでしょうか。

　もっとも効果的なスライドは、発表者の伝えたいことを見ただけで伝えてしまうスライドです。スライドの内容を理解するために、聞き手が努力しなければならないようなスライドは、良いスライドとは言えません。発表中に、1枚のスライドを聞き手が見るのは数秒です。伝えたいことが聞き手に直感的に伝わるスライドが良いスライドです。

　どのようにすれば、効果的なスライドを作ることができるのでしょうか。その方法については、専門的に扱った本やサイトがたくさんありますので、詳しくはそちらを参照してください。このテキストでは、基本的なポイントを紹介します。

・1.2.1. スライドの内容
① 1スライド1メッセージ

　スライド1枚に載せる情報は、1つにしましょう。また、できるだけ短く簡潔にまとまっている方がよいでしょう。そのようなスライドが、聞き手にわかりやすく、発表者が説明しやすいスライドです。以下のような工夫が有効です。

> ・メッセージが多い場合はスライドを分割する
> ・体言止めにする
> ・箇条書きで書く
> ・論理を図解する

　ただし、スライドの枚数が多すぎても、聞き手に落ち着かない印象を与えてしまいます。発表時間に対して、1分1枚程度にまとめられるように、情報を整理しましょう。

<table>
<tr>
<td>
わかりやすいスライドとは
1 スライド 1 メッセージ
ポイント
・スライドの枚数を増やしたり、体言止めにしたりするとよい。箇条書きで書くことや、論理を図解するのも効果的である。
・目安：1枚1分
</td>
<td>
わかりやすいスライド
1 スライド 1 メッセージ

・聞き手にわかりやすい

・発表者が説明しやすい
</td>
</tr>
<tr>
<td>×情報が多すぎて、わかりにくい</td>
<td>〇情報が厳選されており、わかりやすい</td>
</tr>
</table>

・1.2.2. スライドのデザイン

① コントラスト

　スライドのもっとも伝えたい部分を、デザイン的に目立たせてみましょう。例えば、文字の色や大きさを替えてみたり、丸や下線などの印をつけたりする方法があります。そうすることで、聞き手の視線を、発表者の伝えたい内容に自然に向けさせることができます。

　ただし、文字の色を替えたり、網掛けをしたりする際には、画面に表示される文字が明確に読めるのかについて確認しましょう。環境によっては、読みにくくなってしまうこともあるので注意が必要です。

<table>
<tr>
<td>
コントラストを意識
例）文字色を変更する
　　図に丸などの印をつける
　　　　　↓
　　聞き手の視線が自然に向く
</td>
<td>
コントラストを意識
例）文字色を変更する
　　図に丸などの印をつける
　　　　　↓
　　聞き手の視線が自然に向く
</td>
</tr>
<tr>
<td>×どこに注目すればよいか、わかりにくい</td>
<td>〇重要な情報が目立っており、わかりやすい</td>
</tr>
</table>

② イラスト・図・グラフ

　スライドの中に、イラストや図、グラフを載せることも効果的な方法です。ただし、イラストや図を載せる意図を明確にし、それが聞き手に伝わるかどうかを常に意識しましょう。例えば、イラストをトリミングしたり、印をつけたりして、聞き手がどこを見ればよいか、明確に示すことが重要です。

　また、イラストや図を使いすぎると、聞き手にとってわかりにくいスライドになってしまいます。すっきりとしたデザインを目指しましょう。

本商品を使用する男性の割合は 24％だったのに対し、女性は 76％であった。

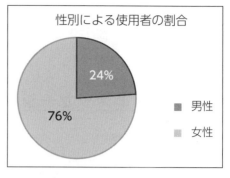

性別による使用者の割合

24%
76%

■ 男性
■ 女性

×情報を整理する必要があり、わかりにくい　　　　○情報が一目瞭然で、わかりやすい

2. 発表の流れ

　発表の場には、通常、「司会進行役」がいます。その指示にしたがって、以下のような流れで行われるのが一般的です。発表原稿を作成して臨むのもよいでしょう。

発表前（前日まで）	発表者	発表に使用するレジュメなどは、指定された日時までに完成させます。 リハーサルを行います。発表が規定の時間通りに収まるか、機器の操作は円滑に行えるかなどを確認します。 リハーサルの様子は、可能であれば録画するとよいでしょう。自分の発表が聞き手からどのように見え、聞こえるのか、事前に確認しておきましょう。
発表前（当日）	発表者	スライドを使用する場合は、パソコンの動作に問題がないか、事前に確認します。
	司会	会の趣旨や発表時間、質疑応答時間、休憩時間など、全体について説明をします。
発表中	司会	発表テーマ、発表者の所属、氏名について紹介します。 発表時間が決まっている場合には、タイマーをセットします。 例：「○○というテーマで発表していただきます○○大学の○○さんです。どうぞよろしくお願いいたします」
	発表者	発表テーマ、所属を述べ、氏名を名乗ります。 その後、レジュメやスライドを用いながら、発表に入ります。 例：「○○というテーマで発表させていただきます○○大学の○○です。本日はよろしくお願いいたします。それでは、レジュメをご覧ください」 必要があれば、発表原稿を用意して、それを読み上げる形で発表します。 発表中は、聞き手がどこに注目すればよいか困らないように、適宜指示をしながら進めます。 例：「スライドをご覧ください」「レジュメの○ページをご覧ください」 発表終了時には、挨拶をして終了します。 例：「以上で発表を終わります。ありがとうございました」
	司会	発表の終了時間が近づいてきたら、発表者に知らせます。 発表時間が 20 分以上の場合は、終了時刻の 5 分前と 1 分前に、それより短い場合は、終了時刻の 2 〜 3 分前に知らせるとよいでしょう。 発表の終了時刻になっても、発表が続いているようなら、発表者に知らせ、発表を終了します。

質疑応答	司会	聞き手から質問を募ります。質問が出ないようであれば、司会者が発表内容を要約したり、内容を確認するような質問をしたりして、質問が出やすい環境を作ります。また、議論が長く続くときには、時間に気を付けてまとめるようにします。
	聞き手 (質問者)	質問をする際には、挙手をして司会から指名されるのを待ちます。 指名されたら、起立し、所属を述べ名前を名乗ります。その後、簡潔に質問しましょう。指示があれば着席しますが、なければ起立したまま答えを聞きます。 例：「○○大学の○○です。ご発表、大変勉強になりました。1点質問させてください。○○について〜」
	発表者	質問されたら、それに対してお礼を述べた後、誠実に答えましょう。 例：「ご質問ありがとうございます。○○は○○かというご質問ですね。○○については、○○という調査を行ったところ、○○だということがわかっています」 質問に対する答えを持っていない場合に、不正確な回答をしてはいけません。答えがないことを伝えた後、可能であれば自分の見解を述べるようにしましょう。 例：「ご質問ありがとうございます。○○についてのご質問ですが、申し訳ありませんが今答えることはできません。ただ、○○というデータがありますので、○○だと予想しています」
	聞き手 (質問者)	回答があったら、それに対してお礼や感想を述べ、質疑応答を終え、座ります。 回答に対してさらに質問がある場合、時間に余裕があれば、質問を続けても構いません。 例：「ありがとうございました。○○についてよくわかりました。○○の参考にさせていただきます」 例：「ありがとうございます。○○のことはよくわかったのですが、○○の部分が○○ということでよろしいでしょうか。よろしければ、もう少し詳しい説明をお願いいたします」
発表終了	司会者	終了を宣言する。 例：「時間となりましたので、ここで終了とさせていただきます。発表者の○○さん、ありがとうございました」

　質疑応答の時間は、聞き手も質問者として発表に参加することができます。発表を初めて聞く人の中には、「質問する」ことは「あなたの発表内容はわかりにくい」と伝えることだと誤解している人もいます。しかし、本当にわからない発表内容に対しては、質問することすら難しいことが多いものです。「質問する」ということは、「あなたの発表内容に興味がある」「あなたの発表内容をもっと詳しく知りたい」というポジティブな態度の表明です。発表を活気ある議論の場にするためにも、積極的に質問しましょう。

3. 発表の態度

　発表の際には、発表内容以外にも声の大きさや速さ、姿勢なども、聞き手にとってのわかりやすさに大きな影響を与えます。以下の内容ができているか、リハーサルの際に確認しておきましょう。　　　　　　　　　　　　　　　　　　　　　　[→ 📖 問題演習 P.67]

声の大きさ	発表では、聞き手に内容が伝わることが大切です。自分が声を出しているかどうかではなく、聞き手に声が届いているかどうかを重視しましょう。授業内での発表などでは、マイクを使用しない場合もあります。一番遠くの聞き手に向けて話すような気持ちで声を出しましょう。
発音の明瞭さ	発音を明瞭にするためには、口を大きく開けることが大切です。話す際に唇が動いていることを意識しましょう。
話すスピード	発表の際に緊張すると、話すスピードが速くなりすぎることがあります。発表者にとってはよくわかっている発表内容も、聞き手にとっては初めて聞く内容であるため、話すスピードが速すぎると理解が難しくなってしまいます。日常会話よりもゆっくり話すことを意識しましょう。1分間に 300-400 文字程度のスピードが目安です。また、重要ポイントの前に間をとると、聞き手の注目が集まり効果的です。
声の抑揚	声の抑揚によって、発表内容の重要な部分を示すことができます。重要な内容の前には、声を小さくしたり間をとったりして、聞き手の注目を集めたうえで、重要な内容を話すという方法もあります。
視線	聞き手の反応を見ながら話すのが望ましい発表の姿です。原稿で顔が隠れていたり、下を向いていたりすると、声がこもってしまい聞き手が聞き取りにくくなります。
姿勢	体を揺らしていたりすると、聞き手に自信のない印象を与えてしまいます。安定した姿勢で発表しましょう。
時間	規定時間内に終了するように発表しましょう。時間を超過してはいけませんが、短すぎるのも悪印象です。

　プレゼンテーションは、一方的な自己主張の場ではありません。発表者と聞き手のコミュニケーションであると捉え、発表者は自分の主張が聞き手に正確に伝わるように、上述のような誠実な態度で発表しましょう。

　上に挙げたほかにも、「身振り手振り」を用いることで、効果的なプレゼンテーションができる場合もあります。また、低い声を出すか、高い声を出すかによって、相手に与える印象も替わるでしょう。慣れてきたら、それらにも気をつけて発表してみましょう。

POINT

・レジュメには、テーマ、発表者の所属と名前、発表の背景、目的、資料・データ、考察、結論、展望、参考文献を盛り込むとよい。
・スライドは、直感的に伝わる表現を心掛けるとよい。
・発表の際には、声の大きさ、発音の明瞭さ、話すスピード、声の抑揚、視線、姿勢、時間に気を付けるとよい。

【参考文献】
宮野公樹（2009）『学生・研究者のための使える！ PowerPoint スライドデザイン―伝わるプレゼン 1つの原理と3つの技術』化学同人
松浦照子　編（2017）『実践　日本語表現　短大生・大学1年生のためのハンドブック』ナカニシヤ出版

ディスカッションの方法

- 話し合いで大切なことを知ろう
- ディスカッションでの役割を知ろう
- 実際にディスカッションをしよう

　日常生活の中で、人と話し合いをすることは多くあります。例えば、友人と旅行に行く場合、行き先や日程、行き方や泊る場所、何を食べて何をするかなどを決める際は話し合いが行われます。気軽な会話のように見えますが、ここではディスカッションと似たようなことが行われています。

　ディスカッション（discussion）とは討論・議論という意味を持ちます。ディスカッションと聞くと就職活動や授業課題でのディスカッションを想像しやすいですが、旅行の予定を立てる場合など、日常生活は広義のディスカッションであふれています。

　ここでは、ディスカッションの目的と、ディスカッションをするうえで大切なことを学んでいきます。

1. ディスカッションの目的

　ディスカッションは基本的に複数人で行われます。ある事柄・テーマについてグループ全員が意見や情報を出し合い、話し合いの中で最適な答えを決定・共有することが求められます。

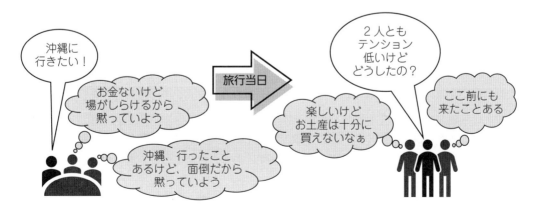

例えば、前ページの図のように数人の友人と旅行することになったとします。ところが、友人たちは自分の意見が出せず、結果的に旅行を楽しむことができませんでした。話し合いをすることで、全員がもっと旅行を楽しめる計画が立てられたかもしれません。

この図のようなことになってしまわないためにも、自分の行きたい場所を発言するだけでなく、相手の行きたい場所も聞く必要があります。旅行に参加する全員の考えを聞いたうえで、旅行先を決定します。場合によっては全く新しい、京都という選択肢が出てくることもあるかもしれません。この時、多数決で行き先を決めてしまうと、少数派だった人の心には納得できない気持ちが残ってしまうこともあります。そうならないために、全員が楽しめる行き先を話し合って決めることが理想的です。

同様にディスカッションでも、自分の考えを述べると同時に、相手の話している内容をしっかりと理解する必要があります。ディスカッションは、自分の考えを述べることだけでなく、相手の考えを理解すること、そして、相手の発言に合わせた会話ができる能力が必要です。時に少数派の意見を尊重することも重要となってきます。

この能力を、コミュニケーション能力と言う場合もあります。つまりコミュニケーション能力が高い人は、**自分の考えや気持ちをわかりやすく発言するだけでなく、相手の話を聞き、理解することができる人**のことです。

ディスカッションの練習をすることで、コミュニケーション能力を鍛えることができます。

〈ディスカッションで必要な力〉

多数決は絶対にしていけません

①話す力
自らの考えを持ち、それを発言することができる

②聞く力
相手の発言を引き出し、理解することができる

③考える力
様々な意見を聞き、多角的な視点に立って考えることができる

③で考えた結果を再び発言する（繰り返し）

2. ディスカッションでの役割

ディスカッション課題ではほとんどの場合、制限時間が設けられます。制限時間内に有意義な話し合いを進め、目標に到達するためには、ディスカッション中の役割分担を行う必要があります。ここでは、それぞれの役割が担う仕事と、注意点を見ていきます。

ただし、あえて役割を決めないことで議論が活発になる場合は、役割分担を行いません。また、一部の役割だけしか決めない場合もあります。必ずしも全ての役割を決める必要はありません。

役割分担をした場合でも、議論の雰囲気によって臨機応変に対応し、自分の役割にこだわり

過ぎないようにしましょう。ディスカッションは、自分の役割を完璧に行うことよりも、活発な議論を行うことが重要となります。あくまでも役割は活発な議論が行われるための補助的なものであると理解して下さい。

司会

● 話し合いの方向性を示し、議論の進行を行う。
与えられたテーマに関して「最初に A について話し合いましょう」などと、グループ全員が議論の方向性を共有していると、発言しやすくなります。話が脱線している場合は元に戻します。
● メンバーから意見を引き出す。
結論だけでなく、なぜ、そう考える・そう思うのかを引き出すことが大切です。
● 発言量の少ない人に話を促す。
考えを聞く時だけでなく、何かを決定する際に、本当に全員の同意があるかを確認して下さい。
● 書記やタイムキーパーと連携をはかる。
司会 1 人が抱え込まず、まとめなどで困ったら、積極的に助けを求めましょう。

〈注意〉
・議論の進行だけでなく、自分の意見も言えているか
・自分ばかりが話してしまっていないか
・メンバーを順番にあてていくだけになっていないか

書記

● 議論で出た意見をメモする。
メモは丁寧に書く必要はありません。自分が理解し、説明できるなら、走り書きでも構いません。
● 議論全体の流れを見渡す。最後に司会と共に議論の総括をする。
話し合いを最初から振り返ることができるのは、メモをとっている書記です。
話が脱線したり、方向性を見失ったりした時は、書記がまとめましょう。
● 司会と連携をはかる。司会をサポートする。

〈注意〉
・書くことに必死になりすぎて、発言が疎かになっていないか
・メモの紙を見せるだけで済ませず、言葉で説明できているか

タイムキーパー

● 議論の時間管理をする。
時間内に議論をまとめるだけでなく、議論が早く終わり過ぎないか管理するのも重要な役割です。議論が早く終わり過ぎる場合は、異なった視点がないかもう一度考えてみて下さい。
● 議論全体の雰囲気に合わせた時間配分の修正を行う。
最初にまとめの時間を決めていたとしても、議論が白熱している場合はまとめの時間を長めにする、最初から方向性が一貫している場合はまとめの時間は短くするなど、臨機応変な修正が必要です。
● 司会と連携をはかる。司会をサポートする。

〈注意〉
・時間に集中しすぎて、発言が疎かになっていないか
・時間を計ることを忘れていないか

役割がない場合

● 話し合いの内容に集中する。
役割がない分、会話の内容に集中できます。自分の意見を述べるだけでなく、相手の意見を踏まえた発言をしてみましょう。
● 困っている役割の人のサポートをする。
特に、司会の仕事は膨大なので、発言数の少ない人に話を促すなど、サポートをしましょう。

〈注意〉
・積極的に発言できているか

※その他にも必要な役割がある場合は話し合いで決めましょう。

3. ディスカッションの流れ

役割分担	テーマや課題に合わせて役割分担をします。 話し合いの種類やグループの雰囲気によっては、役割分担しない場合や一部の役割しか決めない場合もあります。

↓

テーマの確認	与えられたテーマに関してグループ全体の共通認識を確認して下さい。 【例】テーマ：友人との旅行計画を立てて下さい 夏休みの旅行なのか、卒業旅行なのかなど、設定を確認する必要があります。

↓

時間配分を決める	発表があるかないか、資料が必要か不要かなど、与えられた課題に即した時間配分が必要です。 【例】テーマ：友人との旅行計画を立て、旅行のしおりを作成して下さい。 まとめと結論を出す時間だけでなく、しおりを作る時間も決めておく必要があります。

↓

意見を出し合う	[→ 📖 問題演習 P.70]

↓

まとめ 結論の決定	グループ全員の意見を踏まえた結論を導き出して下さい。 **多数決は絶対にしてはいけません。** 時間内に結論をまとめることも大切ですが、話し合いが早く終わり過ぎてもいけません。早く終わりそうならば、異なった視点からもう一度議論を深めて下さい。

↓

発表の準備	話し合いの内容と結論をグループの全員が共有して下さい。 誰が発表の代表になっても説明できるようにしましょう。 資料などを作成する場合はこの時間で完成させます。

↓ 制限時間終了

発表	発表の方法は課題によって異なります。

制限時間内ですること

ここで、よくある失敗例を見てみましょう。　　　　　[→ 📖📝 問題演習 P.69]

● テーマ：グループ全員が参加する旅行の計画を立てましょう
● メンバー：A（司会）・B（書記）・C（タイムキーパー）・D・E

失敗例 1

A「まず初めに、行きたい場所を聞いていきます。B さんから順番に回していきます。どこに行きたいですか？」

B「京都に行きたいです」

C「シンガポールに行きたいです」

他のメンバー「え！？」

> 最初に旅行の目的や日数をグループ全員で確認しなかったため、ABDE さんは週末の旅行だと思い、C さんは長期休暇中の旅行だと思っていた

失敗例 2（連休を利用した 2 泊 3 日の旅行と決定後）

A「行きたい場所を聞いていきます。私は沖縄に行きたいと思っています。皆さんはどこに行きたいですか？ B さんから順番に聞いていきます」

B「沖縄に行きたいです」

C「私も沖縄に行きたいです」

D「私は北海道に行きたいです」

E「私は沖縄がいいです」

> 一見 D さんの意見を聞いているように見えるが、なぜそこに行きたいのか、全員の考えが話し合われていないため、実質、多数決である

A「沖縄の希望が多いので、沖縄にしようと思うのですが、D さんはそれでいいですか？」

D「はい」

> なぜ、北海道に行きたかったのかを説明できていない

失敗例 3（各自、なぜそこに行きたいのか話し合った結果、行き先は北海道と決まった）

A「行きたい場所の希望を出し合い、それからどこに行くか細かく決めていきましょう」

（多くの希望とその理由が話し合われる）

A「まとめたいと思います。今出ている希望は、時計台と、函館と、ラベンダー畑と…えっと…確か、動物園と、ラーメン通りだったと思いますが、どの順番で回りましょうか」

> 司会が 1 人で抱え込みすぎている

失敗例 4（旅行の行程が決定した）

E「A さんは旅行中に食べたいものはありますか？」

A「北海道のものを使ったスイーツが食べたいです」

E「そうなんですね。D さんは？」

> 質問をするだけで、A さんの発言を踏まえた返事ができていない

失敗例 5（時間が 3 分余った）

A「これで話し合いを終わります」

（残り時間中、沈黙）

> 臨機応変な時間配分ができていない

4. ディスカッションをしてみよう

　ディスカッションは教科書の知識だけを持っていても上手くできません。実際に何度も練習して、次第に慣れて行きます。チェックシートで自己チェックや他己チェックを行い、自分が得意なこと、苦手なこと、気付いていない癖などを知っていきましょう。

[→ 📖🖋 問題演習 P.70]

ディスカッション課題の例

　以下のテーマについて話し合い、発表しましょう。課題がある場合は課題も作成して下さい。

(1) 小学生がスマートフォンを持つことについて、賛成ですか、反対ですか。

(2) 週休 3 日制度について、賛成ですか、反対ですか。

(3) ディズニーランドとディズニーシー、行くならどちらに行きたいですか。

(4) より代表的な日本文化と言えるのは、茶道ですか、華道ですか。

(5) マンガは読書に含まれると思いますか。

(6) タイムマシンがあったら、過去と未来、どちらに行きたいですか。

(7) 人生で最も大切なものは何ですか。

(8) 無人島に持っていくとしたら、何を持っていくか、3 つ考えて下さい。

(9) 社会人と学生は何が違うと思いますか。

(10) 社会人にとって最も大切な能力は何だと思いますか。

(11) 仕事ができる人の特徴は何だと思いますか。

(12) リーダシップに必要な能力は何だと思いますか。

(13) なぜ、勉強しなければならないと思いますか。

(14) 社会問題について話し合って下さい。

(15) 若者の投票率を上げるにはどうすればいいと思いますか。

(16) 英語力を上げるための効果的な学習方法を提案して下さい。

(17) コンビニの売り上げ施策で CM 以外を使った手段を考えて下さい。

(18) 自分の所属する大学のオリジナルブランドの製品を提案して下さい。

(19) 自分の所属する大学をよりよくするためにはどうすればいいと思いますか。

(20) 雨を知らない人に雨を説明するにはどのようにすればいいと思いますか。

POINT

・ディスカッションは自分の意見・考えを "話す" ところから始まる。

・ディスカッション中は相手の意見・考えを "聞き"、"理解" する必要がある。

・ディスカッションは全員が納得する結論に到達することを目標とする。

12

就職活動における日本語表現

・就職活動で日本語表現力が求められることを理解しよう
・エントリーシートを書いてみよう
・面接やグループディスカッションの練習をしよう

　学生のみなさんの中には、将来の進路を選択するために企業への就職活動を考えている人が、少なくないと思います。就職活動では書類選考（エントリーシート）や面接試験、グループディスカッションなど、あらゆる場面で日本語表現力が求められます。しかし、就職活動が始まってから必要な日本語表現力を身に付けようとしても、なかなか採用にはたどり着けません。本章の活動を通して、就職活動に必要な日本語表現力をあらかじめ身に付けておきましょう。

就職活動の流れと、求められる日本語表現力

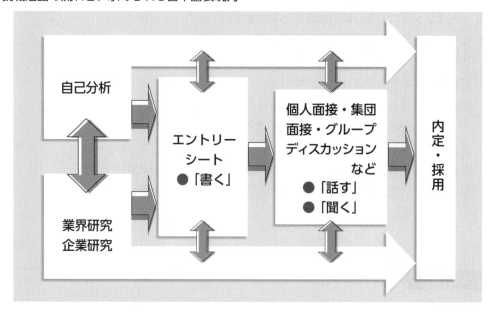

1.　エントリーシート

　就職活動では、多くの企業が第一次選考としてエントリーシート（以下、ES）の提出を求めます。ESとは、その企業へ入社したいという意志を示す書類のことです。自分の長所をアピールしたり、その企業を志望する理由を述べたりします。ESの内容によって、採用すべき人材であることが企業側に伝われば、次の選考に進むことができます。

　ESの執筆には、日本語表現力がものを言います。日本語が上手く表現できていなければ、それだけで選考から落とされてしまうからです。企業の採用枠は限られているので、ESの審査を通過して次の選考に進める人はわずかです。特に、企業の採用担当は何十、何百ものESを読まなければなりません。どれほど優れた長所を持っていても、文章が読みにくく、言いたい内容が伝わらないESは、それだけで採用枠から外されてしまうのです。日本語表現力がESの選考結果を左右すると言っても過言ではありません。それでは、選考に通過するようなESを書くにはどうすれば良いのでしょうか。

　ESを上手に書けるようにするには、繰り返し練習するしかありません。ESで書く内容は大きく、自己PRと志望動機に分けられます。以下、これらを順に練習していきましょう。

1.1.　自己PR

　自己PRでは、企業に入ったときに役に立つ長所をアピールします。「あなたの長所は何ですか」「あなたが学生時代に頑張ったことは何ですか」「これまでの人生で最も挫折した経験は何ですか」など様々な聞かれ方をされますが、どれも「あなたのアピールポイントを書いてください」という指示だと考えてください。「挫折経験」を問われた場合も、ただ挫折のエピソードについて書くのではなく、「挫折からどのように立ち直ったのか」、「その経験からどのような長所を身に付けたのか」を書くことが求められているのです。

・1.1.1.　自己分析をする

　自分の長所を考えるには、「自分とはどのような人間なのか」がわかっていなければなりません。そのために行うのが自己分析です。自己分析を通して、あなたがどのようなことに取り組んできたのか、どのようなことに興味があるのかを言語化してみましょう。

[→ 📖✍️ 問題演習 P.71、P.73]

　自己分析の方法は多様です。自分の特徴をとにかく書き出したり、他人に自分の特徴を質問したりするのも良いですし、問に答える形式で自分の特徴について考えるのも手段の1つです。また、自分の人生の歴史を振り返ってみるのも面白いかもしれません。自分に適した方法で自己分析をしてみてください。01章の内容も参考にしましょう。

[📘 参照：01章1.　自己分析]

　自己分析は、就職活動の最初に行って、それで終わり、というわけではありません。エピソードや長所を思い付いてからも、ESや面接の審査に進んでからも、その都度自己分析を行って、自分の考えを整理する習慣を付けましょう。

・1.1.2. エピソードを考える

　自己 PR を書くときは長所だけでなく、その長所が発揮できたエピソードをあわせて書くのが通例です。

エピソードを考えるメリット

① 長所の説得力を上げる

　自己 PR で最もアピールすべきなのは、自分の長所です。しかし、いくら優れた長所でも、それだけでは説得力に欠けます。例えば、ただ「グループを 1 つにまとめる力があること」をアピールしても、企業側は納得してくれません。一方で、長所を述べつつ、「はじめはまとまりのない部活だったが、自分が部長として一人ひとりに声かけをすることで、次第にグループがまとまっていった」などと、具体的なエピソードを述べれば、説得力を上げることができます。

② 長所の内容とエピソードの内容にずれが生じにくくなる

　エピソードは長所の内容に合ったものでなければなりません。しかし、長所から先に考え始め、それに適したエピソードを探すのはなかなか難しいです。長所に合いそうなエピソードを無理やり書いた結果、内容がずれてしまうということはよくあります。一方、具体的なエピソードから先に考えると、自分が何をどのように考えて行動したのかがイメージしやすくなり、長所が導きやすくなります。

　例えば、「問題に対する迅速な対応力」という長所を支える根拠として、次のエピソードを思い付いたとします。「ドラッグストアのアルバイトのときに、お客様への接客がスムーズに行かないことが多くありました。その原因が商品の知識不足にあると気付いた私は、商品を実際に購入し、他の商品と比較してみるなど研究を重ねました。」 ──このエピソードでは、長所である「迅速さ」について書かれておらず、説得力に欠けます。長所から先に考えたために、「迅速さ」をアピールするという意識が抜け落ちてしまったのです。このエピソードからは、むしろ「課題を分析する力」「課題解決のために主体的に行動する力」という長所が導けます。「エピソード→長所」の順で考えることで、長所とエピソードのずれを生じにくくさせることができるのです。

　それでは、みなさんも自己 PR ができそうなエピソードを書いてみましょう。

[→ 📖 問題演習 P.75]

　1 つの ES でも「長所は何ですか」「あなたのアピールポイントを書いてください」「学生時代に頑張ったことは何ですか（いわゆる"ガクチカ"）」のように、複数の自己 PR を求められる場合があります。これに備えて、エピソードも複数準備しておくのが望ましいです。

　エピソードは必ずしも、「合唱の全国大会で優勝した」「世界的なボランティア活動を行い、新聞で取り上げられた」「留学先で、現地の人と英語で議論を行った」といった、壮大なものである必要はありません。企業側が知りたいのはみなさんが何をどのように考え、どのように行動できる人なのかということです。エピソードはあくまでその説得力を上げるための手段に

過ぎません。壮大なエピソードを書いても、みなさんの人物像が伝わらなければ、優れた自己
PRであるとは言えません。むしろ、みなさんの人物像が伝わるのであれば、「毎日家計簿をつ
けている」「学生時代は無遅刻無欠席だった」「初めてマンガ以外の本を読破した」といった小
さなエピソードの方が優れた自己PRであると言えます。

　なお、必ずしもエピソードから考えなければならないわけではありません。長所の方が考え
やすいという人は、長所を先に考えてからそれに合うエピソードを考えましょう。その際は、
前述したように、長所の内容とエピソードの内容にずれが生じないように注意しましょう。

・1.1.3.　長所を考える
　みなさんも長所を書いてみましょう。　　　　　　　　　　　[→📖✎　問題演習 P.76]
　エピソードと同様、長所も複数考えておくことが望ましいです。行きたい企業がある人は、
企業の求める人物像に合わせた長所を書くのも良いでしょう。長所がすぐに思い付かない人は、
まずは自分の長所となりそうな言葉を、問題演習の選択肢の中から選んでみてください。
　ただし、選んだ言葉そのままだと、結局どのような長所なのかが読み手に伝わらないことが
あります。例えば、一口に「リーダーシップ」と言っても、自分の判断で迅速に組織の運営を
行うという意味でのリーダーシップなのか、一人ひとりの意見に耳を傾けそれを組織の意見と
してまとめ上げるという意味でのリーダーシップなのか、人望が厚く組織の顔としての役割に
長けているという意味でのリーダーシップなのか、など多様な意味を表します。リーダーシッ
プが長所であると言いたければ、それがどのような意味でのリーダーシップなのかを具体的に
示す必要があるのです。
　その他、短所を言い換えるのも良いでしょう（例：1つのことが長く続かない→様々なこと
に挑戦する）。それでも長所が思いつかない人は、家族や友人に自分の長所を尋ねてみましょう。
周りの人は、自分のことを意外と見てくれているものです。自分では気付かなかった長所が発
見できるかもしれません。

・1.1.4.　自己PRのアウトラインを書く
　長所とエピソードが思いついたからと言って、いきなりESを書き始めるのは難しいでしょ
う。ESを書き始める前に、アウトラインを作ってESに書く内容を整理しましょう。アウト
ラインとは、文章を作成する前の設計図のようなものです。アウトラインを整理しておけば、
あとはそれに沿って文章を肉付けしていけば良いので、ESの執筆がスムーズに進みます。自
己PRの書き方に決まりはありませんが、例えば、次のような型に当てはめてアウトラインを
作成すると、読む人の共感を誘えるESが書けるようになります。以下の例を参考に、みなさ
んも自己PRのアウトラインを作成してみましょう。　　　　[→📖✎　問題演習 P.77]

自己 PR のアウトライン

① 長所	私の長所は、○○だ。 例：私の強みは、目標達成のために粘り強く努力できること。
② 概要	その強みを発揮したのは、○○という経験である。 例：大学 3 年生の夏休み、ピアノのコンクールの練習時に、その強みを発揮した。
③ 困難	そこには○○という困難／目標があった。 例：入賞を目指していたが、課題曲が思った以上に難しく、今までのように 1 日 1 時間の練習量では、本番までに弾けるようにならないと感じた。
④ 行動	その困難を克服するために／目標を達成するために、○○をした。 例：本番までの 1 ヶ月間、1 日の練習量を 4 時間に増やし、曲の中で特に苦手な箇所の練習に多くの時間を割くことにした。長時間の練習では集中力が途切れそうになることもあったが、自分がコンクールで入賞している姿を思い描いて、練習をやり遂げた。
⑤ 結果	その結果、○○という成果を挙げることができた。 例：本番では惜しくも入賞を逃したものの、悔いのない演奏を披露することができた。
⑥ まとめ	この経験から、私には○○という長所があると言える／○○という長所を身につけた。 例：私は目標達成のために粘り強く努力を継続することができる。
⑦ 貢献	この長所を○○という形で活かしていきたい。 例：この強みを活かして、貴社でも目標に向けて粘り強く業務に取り組みたい。

　行きたい企業が決まっている人は、企業が求める人材に合った書き方を工夫しましょう。例えば、教育・飲食・地域活性の 3 つの業界にまたがる業務を手掛ける企業が、挑戦力や好奇心のある人材を求めていたとします。その場合、「粘り強さ」や「温和さ」など関係のない強みをアピールするより、企業の求める「挑戦力」や「好奇心」をアピールする方が効果的です。

　　例：「⑦ 貢献」　貴社のどの部門の担当になっても、何にでも興味を向けられる私の好奇心を活かしていきたいと思います。

・1.1.5. 自己 PR の例

　実際に自己 PR を執筆する前に、どのような点に注意して書けば良いか、以下の例（Before／After）をもとに整理しておきましょう。ただし、ここで示す例はあくまで一例にすぎません。ES を書けるようになるために、就職活動関連の書籍などで、できるだけたくさんの ES の例を見てみましょう。

＜Before＞　あなたの強みを教えて下さい（600 字以内）【業種：教育関連】

> ❶ <u>私は学生時代、ボランティア活動に力</u>を入れました。昨年の春休み、小学生に勉強を
> 教えたり一緒に遊んだりするボランティア活動に参加しました。そこで、❷ <u>周りの子ども</u>
> <u>たちと遊ぼうとせず、教室の端で他の子どもたちを眺めている男子児童（A くん）と女子</u>
> <u>児童（B ちゃん）と出会いました</u>。❸ <u>私が毎日声を掛けると</u>、ボランティアが終わる頃には、
> A くんも B ちゃんも周りの子どもたちと一緒に遊ぶことができるようになりました。この
> ように、私には❹ <u>他者に働きかける力</u>があります。
>
> 　❺ <u>働くうえでも、この経験を活かしていきたい</u>と思います。
>
> （❻ <u>246</u> 字）

❶ 冒頭には、最も伝えるべき内容である「私がどのような人間か」を書きます。「私が何を
　してきたか」ではありません。「私がボランティア活動をしたこと」は「私が何をしてき
　たか」に当たるので、最初に書かない方が良いということです。ボランティア活動のエ
　ピソードはあくまで、「私がどのような人間か」をわかりやすくイメージしてもらうため
　の例でしかありません。「私がどのような人間か」に当たる「他者に働きかける力がある
　こと」を最初に書くべきでしょう。なお、❹ で説明するように、「他者に働きかける力」
　は別の表現に言い換えることができます。

❷ 直面した困難に対して、何が要因なのかという書き手の考えが不足しています。A くん
　と B ちゃんが他の子どもたちと遊んでいないことの要因は何なのかを明確にすることで、
　この後の書き手の行動に説得力を持たせることができます。

❸ どのようなプロセスで行動したのか具体的に書きましょう。行動を具体的に記述するこ
　とで、その人がどのようなことを考えて行動する人なのかが明確に伝わります。「毎日声
　を掛ける」だけでは、その人の人柄が見えてきません。A くんと B ちゃんそれぞれにど
　のように言葉を掛けたのか細かく記述して、自分の人物像をアピールしましょう。

　　　　　　　　　　　　　[📖 参照：13 章 2.4. 具体的に説明する]

❹ 自分の長所が的確に伝わる表現にしましょう。「他者に働きかける力」のように短い言葉
　で表現するのも手段の 1 つです。しかし、これだけではどのような意味での「働きかけ」
　なのかがイメージしにくいです。物事を進展させるために率先して周りに指示を出すの
　も「働きかけ」ですし、その人に寄り添ってしっかり話を聞いてあげるのも「働きかけ」
　であると言えます。読み手に誤解を与えないためにも、的確な表現を用いて自分の長所
　を書きましょう。

❺ できれば、目指したい業界・企業に合った書き方が望ましいです。「働くうえでも、この

経験を活かしていきたい」という書き方では、どのような業界・企業にも通用します。しかし、自分がその業界・企業にこそ必要な人材であることをアピールするには、あらゆる業界・企業に通用する表現は避けた方が良いです。今回の例では教育関連の企業にESを提出することになっているので、教育と関連させた内容・表現にすべきでしょう。

❻ 指定された文字数・枠内の8割以上埋めましょう。上の例では「600字以内」という指定があるので、246字でも一応「指示通り」です。しかし、スペースが余っているにもかかわらず書くのをやめてしまっては、読み手からすると印象が悪いです。最悪の場合、スペースが埋まっていないというだけで、読んでさえもらえず落とされることもあります。文字数や枠の大きさが指定されている場合は、最低8割（600字指定であれば480字）書くようにしましょう。

　以上、自己PRを書く際のポイントを示しました。これらのポイントを参考に、次の＜After＞の例を見てください。＜Before＞の例がどのように改善されたのかを確認しましょう。

＜After＞　あなたの強みを教えて下さい（600字以内）【業種：教育関連】

　私は、相手の状況に気づき、掛ける言葉を使い分けることができます。

　昨年の春休み、小学生に勉強を教えたり一緒に遊んだりするボランティアをしていたときのことです。遊んでいる他の子どもたち（10人程）を遠くから眺める男子児童（Aくん）と女子児童（Bちゃん）に出会いました。輪に入るきっかけになればと思い、「AくんもBちゃんも一緒に遊ぼう」と声を掛けると、Aくんは他の子たちと遊び始めました。しかし、Bちゃんは動こうとしません。私は、「誰もがいきなり大勢の中に入っていけるわけじゃないんだ」と気づきました。そこで、Bちゃんを無理に輪に入れようとせず、「Bちゃん、先生と一緒にお話する？」と声を掛け、会話を楽しみました。2日目は他の女子児童（Cちゃん）に協力してもらい、「CちゃんがBちゃんとお話したいって」と声を掛けました。3日目には、BちゃんとCちゃんが話しているところに、他の子たちが「何のお話してるの？」と近づいてくるようになりました。ボランティア最終日には、AくんもBちゃんも他の子たちと一緒に遊ぶことができるようになりました。このときの2人の笑顔が今でも忘れられません。

　人はそれぞれ性格が異なります。どんな言葉が相手の心に響くのか、唯一絶対の正解はありません。それは貴社で働くうえでも同じだと思います。その子にとって最適な言葉掛けを意識し、一人ひとりの成長を導ける教員になるよう努力します。

（594字）

　上のようなエピソードは「強みを教えて下さい」という指示に対する回答ですが、同じ自己PRに関するものであれば、他の項目でも使用することができます。例えば、「学生時代に頑張ったことは何ですか」という項目でも、質問に対して多少書き方を替えれば、同じエピソードを使用することができます。

あなたが学生時代に頑張ったことは何ですか

> 　私が学生時代に頑張ったことは、昨年春休みに参加したボランティア活動です。そこでは、相手の状況に気づき、掛ける言葉を使い分けることの大切さを実感しました。
>
> 　ボランティア活動の 1 日目、遊んでいる他の子どもたち（10 人程）を遠くから眺める男子児童（A くん）と女子児童（B ちゃん）に出会いました。（以下、省略）

　ただし、これは、1 度書いたエピソードを他の ES にも利用できる、という話です。1 つの ES の中で同じエピソードを使うのは NG です。前述のように、同じ ES でも複数自己 PR に関する質問がなされる場合があります。その際は、同じエピソード・同じ長所ではなく、違った観点からの回答を心がけましょう。

・1.1.6. 自己 PR の執筆

　自己 PR のアウトラインを作成し、執筆する際の注意点を確認したら、実際に自己 PR を書いてみましょう。　　　　　　　　　　　　　　　　　　　　　　　[→ 📖 問題演習 P.79]

1.2. 志望動機

　志望動機では、「わが社を志望した理由は何ですか」「働くうえで大切にしたいことは何ですか」「わが社の欠点は何だと思いますか」など様々な聞かれ方をされます。しかし、どれも「志望動機を書いてください」という指示だと考えてください。「欠点」を問われた場合も、ただ企業の悪いところについて書くのではなく、「欠点も把握したうえで志望しているか」、「欠点克服のためにどのような貢献をしようとしているか」を書くことが求められているのです。

・1.2.1. 業界研究・企業研究

　志望動機を書くためには、事前に志望する業界のこと・企業のことを研究しておく必要があります。業界や企業について調べることで、企業が求める人物像を知ることができ、自己 PR の作成にも繋がります。また、採用する側からすると、自分の業界や企業のことをよくわかっていない人を採用しようとは思いません。行きたい業界や企業が決まっていない人は、まずどのような業界・企業があるのかを知るところから始めましょう。行きたい業界・企業がある程度決まっている人も、志望動機の説得力を増すためには、比較対象として他の業界・企業のことを知っておくことが大切です。業界研究・企業研究は、就職活動においてどのような人にとっても必須の作業と言えます。

　業界研究・企業研究の方法には、例えば、次のようなものがあります。これらの方法を参考にして、業界や企業について調べてみましょう。　　　　　　　　[→ 📖 問題演習 P.81]

業界研究・企業研究の方法

新聞	新聞には企業情報が満載です。成長している業界や企業がわかるだけでなく、一般常識も身につけることができます。

雑誌	ビジネス誌・業界誌・就職情報誌・一般誌など、切り口の違う雑誌を何種類か読むことで、最新の話題・ヒット商品・事業内容などがわかります。
Webサイト	企業のホームページは必ず確認しましょう。商品サービス・会社概要などの重要ページを閲覧し、同じ業界の他社と比較すると効果的です。
店舗	現場に行ってみると思わぬ発見があります。店舗がある企業には実際に足を運んでみて、現場の雰囲気を知ったり、社員に質問したりしましょう。
企業説明会	企業説明会では企業がブースごとに分かれ、それぞれの企業の概要が説明されます。質問の時間が設けられる場合が多く、ホームページだけでは知ることのできない企業の特徴を知ることができます。
OB・OG訪問	行きたい企業に自分の大学の卒業生（OB・OG）がいる場合は、その人から話を聞いてみるのも情報収集の手段の1つです。相手が同じ大学の出身者であれば、改まった企業説明会では訊けないようなことも、気軽に訊くことができます。
インターン・シップ	インターン・シップに参加して、企業の業務の一部を体験してみましょう。Webサイトや企業説明会で見聞きするだけでは得られない業務の雰囲気を、肌で感じることができます。

　企業説明会やOB・OG訪問、インターン・シップでは、業界や企業の情報を得られるだけでなく、説明の聞き方（メモを取る、積極的に質問する、など）を企業の人にアピールすることもできます。ただ説明を聞いて終わりにするのではなく、「あなたの企業に興味があります！」という態度を示すようにしましょう。

・1.2.2. 志望動機のアウトラインを書く

　業界研究・企業研究ができたからと言って、いきなりESを書き始めるのは難しいです。自己PRと同様、ESを書き始める前に、アウトラインを作って書く内容を整理しましょう。志望動機の書き方に決まりはありませんが、例えば、次のような型に当てはめてアウトラインを作成すると、読む人の共感を誘えるESが執筆できるようになります。以下の例を参考に、みなさんも志望動機のアウトラインを作成してみましょう。　　　　　　[→ 📖✏ 問題演習 P.83]

志望動機のアウトライン

① 自分の考え	私には○○という目標がある。 例：介護食品を多くの介護施設・介護関係者に広めたいと思い、貴社を志望した。
② きっかけ	○○という活動を通して、そのように考えるようになった。 例：実習の授業で介護施設に行き、物を噛むことが困難で食事がスムーズに行えない高齢者の方々を多く目の当たりにした。この方々のとりやすい食事とはどのようなものだろうと考えていたところ、貴社の『○○○○』をおいしそうに食べている高齢者の方がいらっしゃった。この経験から、貴社に大変興味を持つようになった。
③ 入社後にやりたいこと	○○の活動に取り組みたい。 例：『○○○○』のような、高齢者が食べやすい介護食品は、まだ全国の介護施設に普及しているとは言えない。私は高齢者が楽しく食事ができるように、高齢者が無理なく食べられる介護食品をより多くの介護施設・介護関係者に届けたい。そのために、営業や広報活動に力を注ぎたい。

・1.2.3. 志望動機の例

　実際に志望動機を執筆する前に、どのような点に注意して書けば良いか、以下の例（Before／After）をもとに整理しておきましょう。ただし、ここで示す例はあくまで一例にすぎません。ESを書けるようになるために、就職活動関連の書籍などで、できるだけたくさんのESの例を見てみましょう。

＜Before＞ 当社を志望する理由は何ですか　（400字程度）【業種：インテリア】

> ❶<u>御社</u>では、❷<u>お客様のニーズに合わせて商品の色や柄、生地などを選択すること</u>ができます。また、インターネットで商品を購入できるサービスも充実しています。自宅にいながらショールーム見学ができるヴァーチャルショールームにも取り組んでいらっしゃいます。これらのサービスに私は大変感銘を受けました。❸<u>積極的に御社の会社説明会やショールーム見学にも参加しました。</u>
>
> 　将来的には、❹<u>私の強みである集中力を活かして</u>一生懸命頑張りますので、どうぞよろしくお願いいたします。❺
>
> （221字）

❶「御社」は相手の会社を表す言葉ですが、話し言葉で使うのが正確です。書き言葉では「貴社」を使いましょう。　　　　　　　　[　📖　参照：07章5. 名詞の敬語について]

❷どれも企業のホームページに書いてある程度の知識でしかありません。その企業がどのようなサービスを提供しているのかは、その企業に所属する人にとってわかりきっています。わかりきっていることをわざわざESに書かれても、読み応えがありません。ホームページだけからでは得られない情報を盛り込む必要があります。

❸企業説明会や店舗見学、OB・OG訪問などは、実際に行動を起こした事例に当たり、高く評価されます。また、これらの行動によって、「他の企業にはない、その企業だけの特長」を知ることができ、ESにも活かせます。ただし、上の例のように、ただ説明会などに参加した事実だけを書いても意味がありません。参加したうえで、どのような考えを持ったのか・何に魅力を感じたのかなどを書きましょう。さらに、説明をして下さった方・質問に答えて下さった方の名前をメモしておき、ESに活用すれば、説得力が上がります。

❹「自分の強みを活かしたい」「貴社でなら、自分の強みが活かせる」というのも、立派な志望動機の1つです。しかし、上の例のように、最後に少しだけ自己PRを行っても、その強みがどのように企業の仕事に活かせるのか、読み手にはわかりません。また、「集中力」というキーワードが唐突すぎて、少しでも文字数を稼ぐために無理に書き足したという印象を与えかねません（それでもなお、文字数が大幅に足りていません）。自分の強みをアピールするのであれば、志望動機全体を、自分の強みを軸にして書く必要があります。

❺上の例では、全体を通して書き手の人柄が見えてきません。「その企業が良い企業だから」

だけでは志望動機として説得力に欠けます。「その企業が良い企業」なのは、その企業に所属する人にとって当たり前です。ESは、みなさんの人柄と企業が求めている人物像が合致しているかを見極めるための書類でもあります。志望動機とはいえ、自己PRと同様に、みなさんが何をどのように考え、行動する人なのかをアピールする必要があるのです。

　以上、志望動機を書く際のポイントを示しました。これらのポイントを参考に、次の<After>の例を見てください。<Before>の例がどのように改善されたのかを確認しましょう。

<After>　当社を志望する理由は何ですか（400字程度）【業種：インテリア】

> 　私はインテリアを通じて、人々の暮らしを少しでも豊かにできる職業に就きたいと考えています。
> 　そう思うようになったきっかけは、○月○日の会社説明会です。人事部門の○○○○様と営業部門の○○○○様からお聞きしたお話に大変感銘を受けました。「失敗しても、それを上回る努力でカバー」「お客様に寄り添い、お客様のニーズを最優先に考える」「当社は物を提供しているのではなく、体験を提供している」。これらの言葉に感動し、気づけば私もインテリアでお客様の暮らしを満足させたいと思うようになっていました。
> 　貴社のショールーム見学では、実際に商品やサービスを目の当たりにしました。これらの商品・サービスの開発・営業に自分が携わっている姿をイメージすることができ、貴社で働きたいという気持ちがいっそう強くなりました。
> 　将来的には、時代に合った便利さと満足の行くデザインを兼ね備えた商品の開発にも挑戦したいです。どんな商品やサービスが提供できるか、今から想像を膨らませて楽しんでいます。
>
> (427字)

・1.2.4.　志望動機の執筆

　志望動機のアウトラインを作成し、執筆する際の注意点を確認したら、実際に志望動機を書いてみましょう。[→ 問題演習 P.85]

2.　面接・グループディスカッション

　ESによる書類審査を通過すると、多くの場合、面接やグループディスカッションによる審査に進みます。個人面接か集団面接か、何回面接やグループディスカッションがあるかなどは、企業によって異なります。しかし、大事な点は替わりません。それは、しっかりと自分の考えを自分の言葉で伝えられることです。そのためには、事前の準備が欠かせません。本節では、就職活動における面接やグループディスカッションに臨むにあたり、どのようなことに注意すれば良いか確認します。

　面接やグループディスカッションでは、「話す／聞く」ための技術が求められます。つまり、「話す／聞く」に関わる日本語表現のスキルが大いに役に立つのです。授業で学んだ「話す／聞く」

スキルを意識して臨みましょう。

[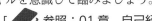 参照：01 章　自己紹介、10 章　発表の方法、 11 章　ディスカッションの方法]

2.1.　面接

・2.1.1.　面接で見られること

　面接では、第一印象・入社への意欲などが見られています。事前に面接の練習をしっかりとして臨めば、好印象に受け取ってもらうことは十分可能です。

　面接では第一印象（表情、身だしなみ、姿勢、態度、言葉遣い、声の印象など）が評価の対象です。人は無意識に、相手に対して最初に抱いた印象をその後も持ち続ける傾向があります。つまり、人は第一印象で相手に良い印象を持てば、その後もその人について良い印象を持とうとする、ということです。反対に、第一印象で相手に悪い印象を持ってしまうと、その後も悪い印象のままその人を評価してしまいます。よって、「自信を持って笑顔で臨む」「相手の目を見て話す」「ゆっくりはきはき話す」「焦らず考えて話す」「肯定的な表現を用いる」などを普段から意識しておけば、それだけで高評価が得られます。しかし、これらを意識できていないと、それだけで低い評価に繋がってしまう、というわけです。

　入社への意欲を出すために、必要以上に大きな声を出したり、面接官の目の前まで迫ったりする必要はありません。その企業を志望した動機を、面接官に聞こえるくらいの声の大きさで、はっきりと説明できれば良いのです。面接では、面接官がみなさんの ES に基づいて質問を行います。したがって、面接を受けるみなさんは ES に書いた内容を自分の言葉で説明できるようにしておかなければなりません。入社への意欲は、自分の考えを正確に説明できるかによって測られると言えるでしょう。

集団面接の注意点

　集団面接では個人面接と同様、第一印象や入社への意欲が重要になってきます。その他、以下の点に注意すると良いでしょう。

● 自分だけしゃべりすぎない

　個人面接でも回答を簡潔にまとめる力は必要です。ですが、集団面接では、より一層、回答を短くまとめることを意識する必要があるでしょう。なぜなら、自分ばかり時間を掛けて話していては、他の人が話す時間がなくなってしまうからです。必要以上に短くしなくても良いですが、ついつい話し過ぎないようにしましょう。

● 他者の回答もしっかり聞く

　集団面接では、自分より先に質問に答える人がいる場合があります。他の人が回答している間は、自分の回答を考えていたくなるでしょう。ですが、できれば自分の回答を考えながら、他の人の回答をしっかりと聞くようにしましょう。回答を聞きながらうなずいたり、自分の回答の際に「先ほどの方もおっしゃっていたように」と前置きしたりすれば、"聞く姿勢"をアピールすることができます。

・2.1.2. 面接の練習

　面接の成功は、どれだけ練習をしたかに掛かっています。授業メンバーを面接官に見立てて、たくさん練習しておきましょう。　　　　　　　　　　　　　[→ 📖 問題演習 P.87]

　その際、以下の質問・指示例も参考にしてみてください。よく訊かれる質問については、事前に回答を用意しておくことが望ましいです。中には変わった質問もありますが、いずれも自己PRか志望動機に結び付きます。自分の強みと志望動機をしっかり言語化する訓練を行っておけば、臆する必要はありません。

面接質問例（自己PR）

自己紹介してください／学生時代に力を入れたことは何ですか／ゼミや研究室の研究内容は何ですか／今までで最も苦労したことは何ですか／今までで最も楽しかったことは何ですか／今までで最大のチャレンジは何ですか／「これだけは誰にも負けない」というものは何ですか／あなたの特技は何ですか／今までで2番目に頑張ったことは何ですか／あなたの長所は何ですか／あなたの短所は何ですか／友人からの評価はどのようですか／最近、関心のあるニュースは何ですか／最近、印象に残った本は何ですか／自分を一言で表すと何ですか／自分を漢字一字で表すと何ですか／自分を動物でたとえると何ですか／自分を植物でたとえると何ですか／自分を家電でたとえると何ですか／今100万円渡されたらどうしますか／無人島に1つだけ持っていくとしたら何ですか

面接質問例（志望動機）

当社を志望した理由は何ですか／当社でやってみたい仕事は何ですか／当社に対するイメージはどのようですか／当社のホームページの感想はありますか／当社の商品・サービスの感想はありますか／何のために就職活動をしていますか／あなたの企業選びの選択基準は何ですか／当社が第一志望ですか／他にどこを受けていますか／10年後になっていたい自分はどのようですか／この業界の問題点は何ですか／当社の問題点は何ですか／当社が求めている「主体性のある人材」とはどのような人材だと思いますか／反対に何か質問してください／【業界特有の質問】（例：教育業界）授業を聞こうとしない生徒がいたらどうしますか

　お互いに顔をよく知っている授業メンバーだけでなく、各大学のキャリアセンターの職員や自分の両親・兄弟姉妹を面接官に見立てて練習するのも良いでしょう。実際に就職活動で面接試験を受けていく中で面接に慣れていくのも効果的です。また、自分が直接受け答えをするのではなく、他者が面接の練習をしている様子を観察して、良いと思ったところを確認するのも面接に慣れるための手段の1つです。

面接 NG 例

面接官 「あなたの短所を教えてください」

「私の短所は物事を長く続けるのが苦手なことです。
これまで部活動もアルバイトも資格の勉強も、
始めてはすぐに辞めています」

学生

　短所を訊かれて、本当に短所だけを答えるのは NG です。面接では短所に関する質問すら自己 PR のチャンスであると考えましょう。短所も見方によっては長所になり得ます。「私の短所は物事を長く続けるのが苦手なことです。その代わり、どのようなことにでも興味を持ち、様々なことに挑戦することができます。例えば、これまでに経験した部活動やサークルは……」など、短所を訊かれた場合でも長所に言い換えられるようにしましょう。

面接官 「最後に○○さんから質問はありますか」

「特にありません。本日はどうもありがとうございました」

学生

　面接官が質問を求めてくる場合があります。このとき、「特に質問はありません」などと答えるのは NG です。業界・企業研究をしっかりやっていれば、「○○についてホームページに詳しく載っていなかったけど、実際どうなんだろう？」「あの企業の商品とはどのように差別化しているんだろう？」「この会社で活躍している社員の特徴が気になる」など、疑問や興味が湧いてくるはずです。つまり、企業側からすれば、「業界・企業に関して疑問や興味を抱いていること」が、その業界・企業についてきちんと調べてきているかを確認する目安になるということです。そのため、面接で質問を求められた際に、「特にない」などと答えたり、その企業に関係のない質問をしたりすると、「わが社のことをちゃんと調べていないな」と思われてしまいます。質問を求められた場合は、必ずその企業に関係のある質問をするようにしましょう。なお、その企業に関係のあることでも、まっさきに福利厚生についてのみ質問するのは、あまり印象が良くありません。

2.2.　グループディスカッション

・2.2.1.　グループディスカッションで見られること

　グループディスカッションの目的や注意点、役割については通常のグループディスカッションと共通しています。教科書の該当箇所を読んで復習しておきましょう。

[📖 参照：11 章　ディスカッションの方法]

　通常のグループディスカッションと異なるのは、ディスカッション中の振る舞いが審査されるということです。グループディスカッションの審査は、次のように多角的な見方によってなされます。

グループディスカッションで見られること

- 積極的に発言する力
- 他者の意見を聞く力（うなずく／相槌を打つ／意見を言っている人の方向を向く、など）
- 他者の意見を認める力（他者の意見に同意を示す／他者の意見を認めつつ、異なる意見を提示する／他者の意見に補足する、など）
- より良い意見や観点がないか模索する力
- グループの中心となり、議論を進行させる力
- 議論の時間を管理する力
- 議論の内容をまとめる力
など

　この中のすべての力を身につける必要はありません。例えば、「意見を述べるのは得意だけど、リーダーシップに自信がない」という人は、司会の役を他の人にやってもらっても構いません。その代わり、意見を積極的に述べたり、他者の意見に反応を示したりするなど、自分の得意な力を思う存分発揮しましょう。グループディスカッションで必要とされるすべての力を身につけるよりも、自分の得意な力をしっかりとアピールできることが大切です。

　ただし、他者の妨害をするのはよくありません。同じディスカッションのグループになった人は、就職活動においてはライバルということになります。そのため、無意識のうちに、相手を出し抜いて自分の強みをアピールしたいという思いに駆られてしまうこともあるかもしれません。しかし、グループディスカッションにおいて相手を貶めるような行為をしてしまうと、かえって自分自身の評価が下がってしまいます。例えば、「積極的に意見を述べる力」をアピールしたいばかりに他者の意見を遮ってまで発言してしまうと、「協調性がない／自己中心的」という、マイナスの印象を審査員に与えてしまいます。面接と違って他者との関わりが必須のグループディスカッションでは、特に他者に迷惑をかける行為は控えましょう。他者と協力する姿勢を見せることこそ、好印象に繋がる鍵です。他者と異なる意見を述べる際も、クッションことばなどを使って配慮を示すと評価が高いです。

[📖 参照：07章 7. クッションことば]

・2.2.2. グループディスカッションの練習

　グループディスカッションの成功は、どれだけ練習をしたかに掛かっています。授業メンバーとともに、たくさん練習しておきましょう。評価を行う際は、11章のチェックシートを活用してください。

[→ 📖 問題演習 P.70]

　その際、以下の議題例も参考にしてみてください。よく聞かれる議題については、事前に意見をいくつか用意しておくことが望ましいです。そのためには、その業界の動向や社会のできごとに日頃から関心を持っておくことも重要です。

グループディスカッション議題例

<どうする系>遊園地のお客様を増やすには／鉄道の朝ラッシュ時の遅延を防止するには
　　　　　　　／ラジオ体操を社内で普及させるには
<企画立案系>大学生協で売るお菓子の提案／未来の建設現場で利用するロボット
　　　　　　　／新しい旅のカタチとは
<ディベート系>小学生にスマートフォンを持たせるべきか／プライベートと仕事のどち
　　　　　　　らが重要か／住むなら田舎か都会か
<どう思う系>働くことについて／「コミュニケーション能力が高い」ということについ
　　　　　　　て／20年後に無くなっていると思うものは／今後の教育業界について

　お互いに顔をよく知っている授業メンバーだけでなく、各大学のキャリアセンターで実施されるディスカッションに参加したり、実際の就職活動でグループディスカッションに慣れて行ったりするのも効果的です。また、自分が直接ディスカッションに参加するのではなく、他者がディスカッションの練習をしている様子を観察して良いと思ったところを確認するのも、グループディスカッションに慣れるための手段の1つです。

POINT

・就職活動には「書く」「話す」「聞く」などの日本語表現のスキルが求められる。
・エントリーシートや面接で聞かれる内容は、自己PRと志望動機に分けられる。
・エントリーシート・面接・グループディスカッションには練習が不可欠である。

【参考文献】
坂本直文（2018）『内定者はこう書いた！　エントリーシート・履歴書・志望動機・自己PR完全版』高橋書店
高田貴久（2020）『ロジカル・プレゼンテーション就活　面接・グループディスカッション対策』日経HR
外山敦子・久保田一充（2016）『日本語ライティング講座ブックレット03　自己PR文・志望理由書の書き方［大学生編］』愛知淑徳大学初年次教育部門〈全学日本語教育〉ライティングサポートデスク
松浦照子　編（2017）『実践　日本語表現　短大生・大学1年生のためのハンドブック』ナカニシヤ出版

13

参考：文章の書き方

・文章の書き方の基本を知ろう
・わかりやすい文章の書き方を学習しよう
・自分で書いた文章を読み直そう

　本章では、文章を書く際の基本的な事項と、読み手にとってわかりやすい表現の方法を学んでいきます。学術的な文章などに使用する特有の表現ではなく、文章を書く時全般に共通する事がらを中心に扱います。

1.　文章の基本

　ここでは、レポートやメールなど、文章の種類に関わらず、日本語で文章を書く際の基本的なルールを見ていきます。

1.1.　書きことばで書く
　まずは《話しことば》と《書きことば》の特徴をそれぞれ確認しましょう。

● 《話しことば》で書かれた文章の特徴
　　和語・略語・カタカナが多い
　　親しい間柄の特定の個人に向けた文章に適している
　　個人的な内容・感情的・創造的な内容を書く場合に使用されることが多い
　　　　　　　　　　→親しい友人とのメール・個人的な日記・詩や小説
● 《書きことば》で書かれた文章の特徴
　　専門用語・漢語が多い
　　論理的な内容を書くことに適している
　　事実や意見を客観的に述べる文章に使用される
　　　　　　　　　　→ビジネス文書・新聞記事・レポート・学術論文

　会話や親しい人へのメールに使用する《話しことば》は、大学でのレポートや目上の人への
メールには使用できません。《書きことば》で文章を書く練習をしましょう。

[→ 　　問題演習 P.89]

《話しことば》と《書きことば》の比較

● 《話しことば》が混じった文章

　　　人生は自ら切り開くものである。
　　　私は<u>お父さん</u>と<u>よく</u>将来の話をする。私自身には将来の選択肢が<u>たくさん</u> <u>あって</u>、
　　まだ<u>どんなこと</u>を<u>したいか</u> <u>全然</u>決まって<u>ない</u>。<u>でも</u>、<u>お父さん</u>は、「<u>いろんな</u>可能性
　　が<u>あって</u>いいではないか、悩める<u>のが</u>一番幸せだ」と<u>言う</u>。
　　　<u>なので</u>、私は<u>もっと</u> <u>悩んで</u>、自分の人生を切り開けるよう<u>頑張りたい</u>。

⬇ 添削

● 《書きことば》に整えた文章

　　　人生は自ら切り開くものである。
　　　私は<u>父</u>と将来の話をする<u>機会が多い</u>。私自身には将来の選択肢が<u>多く</u> <u>あり</u>、まだ<u>ど</u>
　　<u>のようなこと</u>を<u>したいのか</u> <u>全く</u>決まって<u>いない</u>。<u>しかし</u>、<u>父</u>は、<u>様々な</u>可能性があり、
　　悩める<u>ことが</u>一番幸せだと<u>述べる</u>。
　　　<u>したがって</u>、私は<u>さらに</u> <u>悩み</u>、自分の人生を切り開けるよう<u>努力したい</u>。

　また、和語を漢語にすることで、レポートに適した文章に改めることができます。

【例】						
和語の多い文：ここ何年かの間	で	日本に	住んでいる人の数	は	とても	減った。
漢語の多い文：ここ数年間	で	日本の	人口	は	非常に	減少した。

間違えやすい《話しことば》一覧

	話しことば的表現	書きことば的表現
接続表現	だけど / でも あと / それに だから / なので 〜から / 〜ので 〜けど 〜したら	しかし さらに / 加えて したがって 〜ため 〜が 〜すれば
修飾表現	とても / とっても いっぱい / たくさん よく〜する いつも / いっつも やっぱり もっと だんだん ちょっと だいたい 全然 いろんな / いろいろな どんな どっち	大変 / 非常に / 極めて / 著しく 多く 〜する機会が多い 常に / 毎回 やはり / 予想通り さらに / 一層 / ますます 徐々に / 次第に 少し / 少々 / わずかに / やや おおよそ / ほぼ 全く（〜ない） 様々な / 種々の どのような / どれほどの どちら
文末表現	〜しなくちゃいけない	〜しなければならない

　この他、学術的文章（レポートや卒業論文など）のような、客観的な表現が求められる文章では適さない表現もあります。　　　　[📖 参照：06 章 1.4. 主観的な記述・客観的な記述]

1.2. 文体を統一する

　文章は文体が《常体》か《敬体》かによって、読み手が受ける印象が替わります。場面に応じて文体を使い分ける必要があります。1 つの文章の中に、異なる文体が混ざらないように気を付けましょう。　　　　　　　　　　　　　　　　[→ 📖 問題演習 P.90]

- 常体（だ・である調）… 論理的な文章を書く際に適している。
  簡潔に書くことができる。硬い印象を与える。
  → 意見文・報告型レポート・学術的文章　など
- 敬体（です・ます調）… 親しみのある文章を書きたい時に適しています。
  柔らかく丁寧な印象や冗長な印象を与えます。
  → メール・就職活動のエントリーシート　など

《常体》と《敬体》の比較

● 《常体》と《敬体》が混ざった文章

私は小学生の頃から書道を習って<u>います</u>。そのため、字を書くことには自信が<u>ある</u>。
　　　　　　　　　　　　　　《敬体》　　　　　　　　　　　　　　　　　　　《常体》

● 《常体》に統一した文章

私は小学生の頃から書道を習って<u>いる</u>。そのため、字を書くことには自信が<u>ある</u>。

● 《敬体》に統一した文章

私は小学生の頃から書道を習って<u>います</u>。そのため、字を書くことには自信が<u>あります</u>。

※文の途中（節末）に出てくる述語が「です・ます」の形になっていなくても、文末を敬体にすることによって、1文全体が敬体の文とみなせる場合もあります。

　私は小学生の頃から書道を習って**いるので**、字を書くことには自信が**あります**。

　例えば上の文は、「〜ので」の部分が「〜ますので」となっていませんが、文末が「〜ます」となっているため、敬体の文とみなせます。

1.3. 省略語を使わない

　普段何気なく使用している単語も実は省略語だった、という場合があります。文章を書く場合は、単語の正式名称を意識しましょう。

【レポートに使用しない方がいい省略語と、その正式名称の例】

● 携帯　　　→　携帯電話
● スマホ　　→　スマートフォン
● 部活　　　→　部活動
● 就活　　　→　就職活動
● バイト　　→　アルバイト
● 学祭　　　→　大学祭
● インスタ　→　インスタグラム　または　Instagram
● ネット　　→　インターネット

　正式名称が長すぎる場合は最初の1回のみ正式名称で記し、2回目からは省略語を使用する場合もあります。その際は以下の例文のように、注釈を付けましょう。

> **【例文】**
> 　日本で携帯電話を契約する際には「携帯音声通信事業者による契約者等の本人確認等及び携帯音声通信役務の不正な利用の防止に関する法律」<u>(以下「携帯電話本人確認法」とする)</u>によって、契約者の本人確認が義務付けられている。

　ただし、省略語が一般的となっている場合は、最初から省略語で書きましょう。例えば、「パソコン」は「パーソナルコンピュータ」が省略された単語ですが、現在では「パソコン」が一般的な名称となっているため、初めから「パソコン」と表記します。

　現在、省略語として扱われている単語も、数年後には書き言葉として定着することがあります。正式名称を書くか、「パソコン」のように略語で書くか迷った場合は、その単語が新聞でどのように使用されているか確かめるのもいいでしょう。

1.4. 体言止め・倒置法を使わない

　体言止めや倒置法を使用すると、リズミカルで個性的な文章になります。小説やエッセイなど、感情を重視する場合はこのような表現技法を効果的に活用することで、印象的な文章を書くことができます。しかし、レポートなどの論理的な文章を書く場合に体言止めや倒置法を使うと、言いたいことがわかりにくい文章になってしまいます。

● **体言止め**

　体言止めとは文の末尾を体言（名詞や代名詞）で終える表現方法のことで、その後に続く言葉（例：〜である）を省略しているものを指します。論理的な文章の場合は文末を省略することなく書きましょう。

● **倒置法**

　倒置法とは印象を強めたり強調したりするために、普通の語順と逆にする表現技法です。論理的な文章の場合は一般的な語順で書くようにしましょう。

文学的な表現技法がある文章とない文章の比較

> ● **体言止め・倒置法がある文章**
>
> 4月になり、新しい環境、新しい人間関係への<u>期待</u>。それと同時に<u>不安</u>。　〔体言止め〕
> しかし、<u>入学式で出会った。これからの大学生活</u>がきっと楽しくなると思える友人と。
>
> 　　　　　　　　　　　　　　　　　　　　　　　　　　　　　　　　　　　　　　〔倒置法〕

添削

> ● **体言止め・倒置法がない文章**
>
> 4月になり、新しい環境、新しい人間関係への<u>期待があった</u>。それと同時に<u>不安も感じていた</u>。
> しかし、<u>入学式で</u>これからの大学生活がきっと楽しくなると思える友人と出会った。

体言止め・倒置法に気付きにくい例

> 最も重要なのは、自分の意見をしっかりと持つ**こと**。　〔「こと」は体言〕
>
> 　　　　　添削→　最も重要なのは、自分の意見をしっかりと持つことだ（である）。
>
> 現代日本では社会問題となっている**少子高齢化**。
>
> 　　　　　添削→　現代日本では少子高齢化が社会問題となっている。
>
> 環境省は温室効果ガスが地球温暖化の原因だと**説明**。
>
> 　　　　　添削→環境省は温室効果ガスが地球温暖化の原因だと説明している。

　3つ目の「環境省は〜」の例は、字数制限のある新聞記事でよく使われます。新聞要約やレポートを書く際には、体言止めを修正する必要があります。［📕　参照：02章　新聞の読み方］

1.5. ねじれ文にならないようにする

● ねじれ文

ねじれ文とは<u>主語と述語が対応していない文</u>のことです。

　文は主語（動作や状態の主体）と述語（動作や状態を表す部分）で構成させることが多いです。主語と述語が対応していないねじれ文を書いてしまうと、書き手が何を伝えたいのか、読み手に理解できない文章になってしまいます。　　　　　　　［→ 📖 問題演習 P.91]

ねじれ文の修正 ①

> ### ● ねじれ文
>
> <u>私の目標</u>は、漢字検定2級に<u>合格したい</u>。
> 　（主語）　　　　　　　　　（述語）　　　　→主語と述語が対応していない
>
>
>
> ### ● 主語に対応した述語に修正
>
> <u>私の目標</u>は、漢字検定2級に<u>合格することだ</u>。
> 　（主語）　　　　　　　　　（述語）
>
> ### ● 述語に対応した主語に修正
>
> <u>私は</u>、漢字検定2級に合格したい。
> （主語）　　　　　　　　　（述語）

　主語と述語だけを続けて読むことで、主語と述語が対応しているかがわかります。上の例で見ると、ねじれ文の方は「目標は合格したい」となり、主語と述語が対応していませんが、添削後の文は「目標は合格することだ」または「私は合格したい」となり、主語と述語が対応しています。

ねじれ文の修正 ②

● **ねじれ文**

私の<u>目標</u>は、漢字検定 2 級に合格することを<u>目標</u>としている。

→ 「目標」が重複

● **主語に対応した述語に修正**

私の目標は、漢字検定 2 級に<u>合格することだ</u>。
　　　（主語）　　　　　　　　（述語）

● **述語に対応した主語に修正**

<u>私は</u>漢字検定 2 級に合格することを目標としている。
（主語）　　　　　　　　　　　　（述語）

ねじれ文の修正 ③

● **ねじれ文**

漢字検定 2 級に合格することなので、1 日 30 分の勉強時間だ。

→主語が省略されていることでねじれが発生

● **主語を補った文に修正**

<u>私の目標は</u>漢字検定 2 級に<u>合格すること</u>なので、<u>必要なのは</u> 1 日 30 分の<u>勉強時間だ</u>。
（主語）　　　　　　　　　（述語）　　　　　（主語）　　　　　　　　（述語）

　上の例では、主語を省略することでねじれが発生しています。主語を書くことで主語述語が対応した文が書きやすくなります。

1.6.　ら抜きことば・れ足すことば・さ入れことば

　文を書いたり、話したりするときに間違いやすい表現として「ら抜きことば」がよく知られています。ほかにも「れ足すことば」や「さ入れことば」というものもあります。これらの表現は、徐々に広がっており、一般的になってきています。使われる場面によっては、問題のない表現として扱われることもあります。しかし、規範的ではないと考える人も多い表現です。ここでは、これらの表現の間違いを文法的に説明し、直すことができるように学んでいきます。

・1.6.1. 活用形・活用の種類

「ら抜きことば」などには、動詞の活用が関わっています。そこでまず、動詞の活用形と活用の種類について、確認していきましょう。

現代日本語の動詞の活用形には「未然形・連用形・終止形・連体形・仮定形・命令形」があります。動詞の活用形はそれぞれ、後続する要素や、文上の位置、意味などによって決まります。 [→ 📖 問題演習 P.93]

動詞の活用形

活用形	未然形	連用形	終止形	連体形	仮定形	命令形
続き方	否定ナイ・ズ 意思（ヨ）ウ （ラ）レル （サ）セル	接続助詞テ 過去タ 丁寧マス 〜、（中止法） 他の動詞	〜。（言い切り） 引用ト 終助詞	名詞 格助詞ノ コト	仮定バ	〜！（命令文） 終助詞

また、動詞の活用の種類は、以下の5種類あります。 [→ 📖 問題演習 P.93]

動詞の活用の種類（五段活用・上一段活用・下一段活用・サ行変格活用・カ行変格活用）

	語幹	未然形	連用形	終止形	連体形	仮定形	命令形
①当たる	あた	ら (ra) / ろ (ro)	り (ri)	る (ru)	る (ru)	れ (re)	れ (re)
②用いる	もち	い (i)	い (i)	いる (iru)	いる (iru)	いれ (ire)	いろ (iro)
③遅れる	おく	れ (re)	れ (re)	れる (reru)	れる (reru)	れれ (rere)	れろ (rero)
④勉強する	べんきょう	し (si) / せ (se) / さ (sa)	し (si)	する (suru)	する (suru)	すれ (sure)	しろ (siro)
⑤迫り来る	せまり	こ (ko)	き (ki)	くる (kuru)	くる (kuru)	くれ (kure)	こい (koi)
続き方		-ナイ・ズ・（ヨ）ウ （ラ）レル・（サ）セル	-マス	-。	-コト	-バ	

①は、ラ行のア段、イ段、ウ段、エ段、オ段の5段に活用しているので、ラ行五段活用といいます。
②は、ア行の5段のうち、イ段一段が活用語尾の先頭に現れるため、ア行上一段活用といいます。
③は、ラ行の5段のうち、エ段一段が活用語尾の先頭に現れるため、ラ行下一段活用といいます。
④のような変化をするのは「する」一語のみです。変則的であるため、サ行変格活用（サ変）といいます。
⑤のような変化をするのは「くる」一語のみです。変則的であるため、カ行変格活用（カ変）といいます。

　それぞれの活用の種類を見分けるには、未然形に注目するのがポイントです。動詞に否定を表す「ない」を接続させたときに、ア段に活用するのが五段活用、イ段に活用するのが上一段活用、エ段に活用するのが下一段活用です。サ行変格活用、カ行変格活用は「する」「くる」の一語ずつしかないので、覚えてしまいましょう。

> ○○＋ナイ：ア 段 ＋ ナイ → 五段活用　　　例：読む（読ま＋ない）
> 　　　　　　イ 段 ＋ ナイ → 上一段活用　　例：着る（き＋ない）
> 　　　　　　エ 段 ＋ ナイ → 下一段活用　　例：得る（え＋ない）

・1.6.2. ら抜きことば

　「食べられない」を「食べれない」としてしまうように、「られる」を使うべきところに、「れる」を使ってしまう表現があります。これを、ら抜きことばといいます。ら抜きことばはどのようなときに起きるのでしょうか。

　ら抜きことばには、可能表現を作るときに、活用の種類によって作り方が異なることが関わっています。

可能表現の作り方

> ● 　五段動詞　→　可能動詞にする。　＝語尾 (-u) を (-eru) にする。
> 　例：読む (yomu) → yom⃞u　→　読める (yomeru)
> 　　　　　　　　　　　⃞eru　　　　　可能動詞
>
> ● 上一段・下一段・カ変動詞　→　未然形の後ろに「られる」を接続する。
> 　例：着る　→　着（「着る」の未然形）＋られる　→　着られる
> 　　　得る　→　得（「得る」の未然形）＋られる　→　得られる
> 　　　来る　→　来（「来る」の未然形）＋られる　→　来られる
>
> ● サ変動詞　→　「できる」にする。
> 　例：電話する　→　電話⃞する　　　→　電話できる
> 　　　　　　　　　　⃞できる

　五段活用の動詞の可能表現は「可能動詞」という別の動詞であるのに対し、一段活用の動詞とカ行変格活用の動詞は、未然形に「られる」を接続することで可能表現になります。サ行変格活用の動詞は、「する」を「できる」にすることで可能表現になります。

　つまり、可能表現を作ったときに「ら」が含まれる可能性があるのは、上一段・下一段・カ変動詞だけ、ということになります。そのため、ら抜きことばは、一段動詞（上一段活用と下一段活用）・カ変動詞を可能の意味にするときにしか起こりません。一段動詞・カ変動詞を可能の意味にするときに、未然形に「れる」を接続してしまうのが、ら抜きことばです。

ら抜きことばの仕組み

● 上一段・下一段・カ変動詞　→　未然形の後に「れる」をつける。
例：着る　→　着（「着る」の未然形）＋れる　→　着れる
　　　　　　　　　　　　　　　　　　　　　　　　ら抜きことば

　一段動詞・カ変動詞を可能の意味にするときには、未然形に「られる」を接続するという知識を持っておきましょう。

・1.6.3.　れ足すことば
　「飛べる」を「飛べれる」としてしまうように、「れ」を足して使用してしまう表現があります。これを、れ足すことばといいます。れ足すことばは、どのようなときに起こるのでしょうか。
　れ足すことばも、可能表現を作るときに、活用の種類によって作り方が異なることが原因で起こります。れ足すことばは、五段活用の動詞の可能表現である可能動詞にしか起こりません。れ足すことばとは、可能動詞であるにも関わらず、可能の意味を足そうとして「れる」をつけてしまった表現ということができます。

れ足すことばの仕組み

● 可能動詞（一段動詞）　→　未然形の後に「れる」をつける。
例：飛べる　→　飛べ（可能動詞「飛べる」の未然形）＋れる　→　飛べれる
　　　　　　　　　　　　　　　　　　　　　　　　　　　れ足すことば

　可能動詞の活用の種類は一段活用です。したがって、一段動詞に可能の意味を足そうとして、未然形に「れる」を接続してしまうのが、れ足すことばということができます。これは、ら抜きことばの仕組みと同様に捉えることができます。れ足すことばは、ら抜きことばが広まったことによって、「可能の意味を足すには、一段動詞に「れる」をつければよい」という誤った認識が広がり、生まれた表現ということができます。

・1.6.4.　さ入れことば
　「読ませていただきます」を「読まさせていただきます」としてしまうように、「せる」を使うべきところに「させる」を使ってしまう表現があります。これを、さ入れことばといいます。さ入れことばは、どのようなときに起こるのでしょうか。
　さ入れことばは、「せる」「させる」の接続の仕方が、活用の種類によって異なることが原因で起こります。

「せる」「させる」の接続の仕方

● **五段動詞 → 未然形の後に「せる」を接続する。**
例：読む → 読ま（「読む」の未然形）＋せる → 読ませる

● **上一段・下一段・力変動詞 → 未然形の後に「させる」を接続する。**
例：着る → 着（「着る」の未然形）＋させる → 着させる

● **サ変動詞（～する） → 未然形の後に「せる」を接続する。**
例：～する →さ（「する」の未然形）＋せる → させる

五段活用の動詞、サ行変格活用の動詞は「せる」を接続するのに対し、一段活用の動詞、力行変格活用の動詞は「させる」を接続します。

さ入れことばは、本来「せる」を入れるべきところに「させる」を入れてしまう現象です。上の活用の種類の中で、本来「せる」を入れるべきなのは、五段活用動詞とサ変動詞のみです。ただし、サ変動詞「する」は「せる」を接続することで「さ」という形に変わるため、結果として「さ」が入っている形が正しいということになります。これは、さ入れことばとは呼びません。したがって、さ入れことばは、五段動詞を使用するときにしか起こりません。五段動詞の未然形に「させる」を接続してしまうのが、さ入れことばです。

さ入れことばの仕組み

● **五段動詞 → 未然形の後に「させる」を接続する。**
例：読む → 読ま（「読む」の未然形）＋させる → 読まさせる
　　　　　　　　　　　　　　　　　　　　　　　　　さ入れことば

とくに「～（さ）せていただきます」という表現のときに間違いやすいことが知られています。

[→ 📖 問題演習 P.93]

POINT

・活用の種類の見分け方は、動詞に否定の「ない」を接続させるとよい。
・ら抜きことば、れ足すことばは、動詞の活用の種類によって、可能表現の作り方が異なることが原因で起こる。
・さ入れことばは、動詞の活用の種類によって、「せる」「させる」の接続の仕方が異なることが原因で起こる。

2. わかりやすい文章の書き方

ここでは、読み手にとってわかりやすい文章の書き方を学んでいきます。どのような文章でも、必ず読み手が存在します。読み手の読解力や理解力、知識量に頼るのではなく、読み手が一読しただけで意味がわかる文章を書くことを心がけましょう。

2.1. 接続語を活用する

接続語とは、2つの文を接続し、前後の文の関係をわかりやすくする単語です。

[→ 📖 問題演習 P.97]

接続語の種類

順接：前の内容を受けて、当然起こるべき内容が後に展開する 例）よって・そして・したがって・そこで・そのため	例： 私は勉強に力を入れた。 そのため、試験に合格した。
逆接：前の内容から通常予想される内容とは反対の内容が後に展開する 例）しかし・しかしながら・ところが	例： 私は勉強に力を入れた。 しかし、試験には不合格だった。
並列・累加：前の内容に後の内容を付け加える 例）そして・また・さらに・加えて・しかも	例： 私は勉強に力を入れた。 さらに、ボランティア活動も始めた。
対比：前後の内容を比較する 例）あるいは・それとも・または・もしくは	例： 私は勉強に力を入れるべきか。 または、スポーツに力を入れるべきか。
換言：前の内容を言い換える 例）つまり・要するに・すなわち	例： 私は勉強に力を入れた。 つまり、遊ぶ時間を減らしたのである。
補足：前の内容を補足説明する 例）なぜなら・ただし	例： 私は勉強に力を入れた。 なぜなら、試験に合格したいからだ。
転換：別の話題へ転じる 例）さて・ところで・では	例： 私は勉強に力を入れた。 さて、明日は雨が降るそうだ。

この他に学術的文章を書く際に使うと有効な接続語の表現があります。

[📕 参照：06 章 5. 接続語]

2.2. 一文は短く、簡潔に書く

一文が長いと、何を伝えたいのかわかりにくい文章になるだけでなく、ねじれ文も発生しやすくなります。一文に含まれる内容は1つとし、内容が替わる場合は2文に分けるようにしましょう。文字数の目安は一文 60 字程度として下さい。

[→ 📖 問題演習 P.97]

一文は短く書く（長い文と短い文の比較）

● 　一文が 60 字以上の文

　二酸化炭素などの温室効果ガスの濃度が<u>上がると</u>、温められた熱を宇宙空間に放出する運動が妨げられ、地球が温室バリアーで包まれた状態になり、地表の温度が必要以上に上がってしまう。　　　　　　　　　　　　　　　　　　　　　　　（86 字）

 添削

● 　一文が 60 字以内になるように区切り、接続語を補った文

　二酸化炭素などの温室効果ガスの濃度が<u>上がると</u>、温められた熱を宇宙空間に放出する運動が妨げられる。<u>その結果</u>、地球が温室バリアーで包まれた状態になり、地表の温度が必要以上に上がってしまう。

● 　一文が 1 つの内容になるよう文章を区切り、接続語を補った文

　二酸化炭素などの温室効果ガスの濃度が上がる。<u>すると</u>、温められた熱を宇宙空間に放出する運動が妨げられる。<u>これによって</u>、地球が温室バリアーで包まれた状態になる。<u>その結果</u>、地表の温度が必要以上に上がってしまう。

一文は簡潔に書く（冗長な文と簡潔な文の比較）

● 　一文が 60 字以上の文

「の」（助詞）が無くても意味が通じる

　二酸化炭素などの温室効果ガスの濃度が上がると、温められた熱を宇宙の空間に放出する運動が妨げられる。その結果、地球を取り囲む温室バリアーで包まれた状態になり、地球の表面の温度が必要以上に非常に上がってしまう。

「地表」と短くできる

「取り囲む」と「包む」で意味が重複する

「必要以上」と「非常に」で意味が重複する

 添削

● 　冗長な部分を削除し、簡潔な表現になるように改めた文

　二酸化炭素などの温室効果ガスの濃度が上がると、温められた熱を宇宙空間に放出する運動が妨げられる。その結果、地球が温室バリアーで包まれた状態になり、地表の温度が必要以上に上がってしまう。

2.3.　1つの意味に決まる文を書く

　様々な原因によって、2つ以上の意味に読み取れる文になることがあります。自分では1つの意味で書いたつもりでも、読み手が異なった受け取り方をしてしまうのです。このように1つの文でありながら、2つ以上の意味を読み取ることができてしまう文を「あいまい文」といいます。

　論理的な文章を書く際は、あいまいな文にならないようにしましょう。

[→ 　問題演習 P.99]

あいまい文

● 　**2通り以上の意味が読み取れる文**

備品が足りなくなったので、プリンターのインクと電球を3個注文しておいて下さい。
　　　　　　　→ 注文するのは「インク3個、電球3個」か
　　　　　　　　　　　　　　　 「インク1個、電球3個」か

⬇ 添削

● 「インク3個、電球3個」の場合（一例）

備品が足りなくなったので、プリンターのインクと電球をそれぞれ3個注文しておいて下さい。

● 「インク1個、電球3個」の場合（一例）

備品が足りなくなったので、プリンターのインクを1個と電球を3個注文しておいて下さい。

● 　あいまい文が発生する原因

原因1：正しい漢字・片仮名を使わない。

　　例）このはしわたるべからず。
　　　　→　①　この橋渡るべからず。
　　　　　　②　この端渡るべからず。

原因2：句読点を効果的に使わない。（単語の切れ目の問題）

　　例）ここからはきものを脱ぎなさい。
　　　　→　①　ここからは、きもの（着物）を脱ぎなさい。
　　　　　　②　ここから、はきもの（履物）を脱ぎなさい。

<u>原因3</u>：句読点を効果的に使わない。（修飾の問題）

    例）太郎は自転車で逃げた泥棒を追いかけた。

        →   ①   太郎は自転車で、逃げた泥棒を追いかけた。（自転車に乗っているのは太郎）

            ②   太郎は、自転車で逃げた泥棒を追いかけた。（自転車に乗っているのは泥棒）

<u>原因4</u>：句読点に関係なく、修飾の仕方がはっきりしない。

    例）2人の男の子と女の子

        →   ①   女の子と2人の男の子

            ②   男の子と女の子の2人ずつ（各2人）   など

<u>原因5</u>：かかる言葉と受ける言葉が、離れ過ぎている。

    例）私は<u>簡単な</u>資格に関する問題の解き方が書かれている参考書を買った。

        →   ①   私は資格に関する問題の解き方が書かれている簡単な参考書を買った。

            ②   私は資格に関する参考書を買ったが、それには問題の簡単な解き方が書かれている。   など

<u>原因6</u>：述語の表わす意味の対象がはっきりしない。

    例）みんなが大好き、アンパンマン

        →   ①   みんなを大好き、アンパンマン

            ②   みんなに好かれる、アンパンマン

2.4. 具体的に説明する

　みなさんはこれから、自分自身のことについて日本語で説明する場面に多く出会います。例えば、レポートではみなさんの考えを書くことが求められますし、ゼミ活動などでも自分の意見を仲間に伝える必要があります。また、就職活動ではみなさんの経験を面接官に伝えることもあるでしょう。

　その際にどのように表現すれば、相手に十分に伝わるのでしょうか。ここでは、その方法を学びましょう。

・2.4.1. 説明する際の心構え

　何かを説明しようとするとき、まず、「相手が何を知りたいのか」を正確に捉えておく必要があります。例えば、「学生時代に頑張ったこと」を説明するとき、相手が就職試験の面接官であれば、就職後の業務内容に結びつくような経験があるのかどうかを知りたいと考えているでしょう。それに対して、相手が趣味の仲間であれば、これからさらに仲を深めるために、自分の経験との共通点を探しているのかもしれません。相手が何を知りたいと思っているのかをよく考えて話題を選ぶことが重要です。

　同様に「相手は何を知っているのか」を正確に捉えることも大切です。同じ経験をしてきた仲間であれば、省略できる情報も多いでしょう。しかし、初対面の相手の場合は、そうはいき

ません。相手にわかってもらうために必要な情報は何かを考え、丁寧に説明する必要があります。

　上手く説明できない人は、多くの場合、「これはわざわざ説明する必要がないだろう」「言わなくてもわかってくれるのではないか」と考えて、説明を省略してしまう傾向があります。みなさんが考えている以上に、相手に理解してもらうためには、丁寧な説明が必要な場合が多いものです。説明の手間を省かず、相手に誠実に向き合いましょう。

　また、わかりやすい説明をするためには、何よりも、その内容を自分自身が十分に理解している必要があります。「言わなくてもわかってくれるだろう」「説明する必要はないだろう」と思っている箇所は、実は「自分自身でもよくわかっていないところ」「日本語でも正確に表現できないところ」かもしれません。日本語のネイティブスピーカーだからといって、全てのことを簡単に日本語で表現できるわけではないということを知っておきましょう。どのように日本語で表現すればよいのか、じっくり考えることも必要です。

・2.4.2. 説明する順序

　何かを説明する場合、順序立てて説明することでわかりやすい文章となります。順序立てには、説明する物事によってそれぞれ適した方法があります。　　[→ 演習問題 P.101]

手順・できごとなどを説明する場合　→　時間の流れに沿った説明

> 「白身魚のムニエル」の作り方
> ●　良くない例
>
> > 　白身魚を中火で焼く。フライパンにオリーブオイルを引き、軽くつぶしたニンニクを入れて熱し、香りづけをする。ニンニクが焦げる前に取りだしておく。その前に、白身魚には塩コショウをして軽く薄力粉をまぶしておく。白身魚を焼く時は皮が上になるように入れる。軽く焼き色がついたら裏返し、弱火にして皮面も焼く。
>
> ⬇ 添削
>
> ●　時間の流れに沿った説明
>
> > 　白身魚に塩コショウをして軽く薄力粉をまぶす。フライパンにオリーブオイルを引き、軽くつぶしたニンニクを入れて熱し、香りづけをする。ニンニクが焦げる前に取りだす。白身魚を皮が上になるように入れる。中火で軽く焼き色がついたら裏返す。弱火にして皮面も焼く。

場所・配置などを説明する場合　→　空間配置に沿った説明

オリエンテーション会場の案内
● 良くない例

> 5階に行ってください。エレベーターを下りて左に進むとオリエンテーション会場の大ホール入り口があります。エレベーターの場所は、このビルの北口から入り、右側にあります。真っ直ぐ進むと見えてきます。

● 空間配置に沿った説明

> このビルの北口から入り、通路に沿って進みます。右手にエレベーターが見えてきますので、そちらを利用して5階で下りてください。エレベーターホールを出ると左右に廊下が伸びていますので、左に進むとオリエンテーション会場の大ホール入り口があります。

物・事などを説明する場合　→　大まかなところから始め、順番に細かいところを説明

○○さんとの関係について
● 良くない例

> ○○さんはよく私のサポートをしてくれます。○○さんは副委員長で、私が委員長です。副委員長、委員長というのは、大学祭実行委員会のなかでの役割の話です。私は大学祭実行委員会に所属しています。

● 大まかなところから始め、順番に細かいところを説明

> 私と○○さんは大学祭実行委員会に所属しています。そこで私は委員長を務めています。副委員長の○○さんは、よく私のサポートをしてくれます。

・2.4.3. 説明する要素

5W1H の要素を意識して説明してみましょう。

When（いつ・時間）／ Where（どこで・場所）／ Who（誰が・主体）／
What（なにを・行動・対象）／ Why（なぜ・目的・理由）／ How（どのように・手段・様子）

　説明する内容によっては When や Where が必要ない場合もあります。しかし What はほぼ必須の要素でしょう。説明のわかりにくさは、What の内容を一言でまとめすぎていることが原因である場合が多くみられます。What の内容について、Why や How の要素を丁寧に説明してみましょう。Why や How の要素のなかにもさらに 5W1H は含まれます。意識して説明してみましょう。　　　　　　　　　　　　　　　　　　　　　　[→　📖✏️　演習問題 P.102]

×大学生活で [When] は、大学祭実行委員会の活動 [What] を頑張りました。臨機応変に行動する大切さ [What] を感じました。

What の内容が詳しく説明されていないため、何をしたのかがわからない。Why、How の要素がないため、どのような目的でどのように行動したのかがわからない。

〇大学生活で [When] は、大学祭実行委員会の活動 [What] を頑張りました。私 [Who] は大学祭のステージで [Where] 司会を担当しました [What]。台本を準備するとき [When]、内容を何種類も作りました [What]。なぜかというと、当日のステージは時間を守って進行しなければいけなかったからです [Why]。時間を長く使える場合の台本と時間が無くなってしまった場合の台本を準備しました [How]。当日 [When] は機械の不具合で開始時間が遅れるというトラブル [What] がありましたが、短い時間で進める台本を用意してあった [How] おかげで、予定通りの時刻に終了することができ [What]、お客さんに迷惑をかけることもありませんでした。以上のように、事前の準備を十分に行う [How] ことで、私は臨機応変に行動する [What] ことができます。

What についての Why や How が記されているため、何をどのような目的でどのように行ったのかがわかりやすい。

・2.4.4. 具体的に説明するために
　上に述べた点に注意すると、伝えたい内容を「具体的に説明する」ことができるでしょう。それは、説明する順番を工夫したり、5W1H に気をつけたりすることで、以下の点を満たすことになるからです。

　　　・相手が経験していないことでも、わかるように説明できている
　　　・相手が、行動や考えを思い浮かべられるように説明できている

また、以下のような表現を使用する際には注意が必要です。

> ×<u>話し手にしかわからない感情を表すような表現</u>
>   頑張った・大変だった・苦労した
>
> ×<u>話し手にしかわからない経験した意義を表すような表現</u>
>   ○○の大切さがわかった・知れてよかった・良い経験になった
>
> ×<u>聞き手の解釈に幅がある表現</u>
>   きちんと・ちゃんと・しっかり

　以上のような表現を使ってはいけないというわけではありません。しかし、この表現だけでは、相手はあなたの経験や考えを正確に理解することができません。上のような表現を使う際には、5W1H の中でも特に How を意識し、丁寧に説明することが必要となります。また、上に挙げた表現以外にも、「多い・少ない・大きい・小さい・長い・短い」などを用いて程度を表す場合には、具体的な数字も記すことで、より正確な情報を伝えることができます。

POINT

- 説明する際には「相手が何を知りたいのか」と「相手が何を知っているのか」を正確に捉える必要がある。
- 説明する際には、「時間の流れに沿った説明」「空間配置に沿った説明」「大きなところから細かい要素の順番で説明」をすることに気を付ける。
- 説明する際には、５W1H を意識する。

2.5. 《まとめ》と《具体例》を一緒に述べる

　文章では、必ず《まとめ》と《具体例》をセットで書くようにしましょう。

> ● まとめ……　自分の考え、感じたこと、意見、伝えたいこと
> ● 具体例……　結論を裏付ける事実、結論に関わる事実

> 《まとめ》のみの文章・・・・・・　主張だけが激しくて、説得力に欠ける。
>
> 《具体例》のみの文章・・・・・・　筆者が何を言いたいのかわかりにくい。

【よくない例】《具体例》ばかりで《まとめ》がない

> 　先日の日曜日に買い物に出かけた。複数の店が出店する複合型ショッピングモールに出かけた。様々な店で試着をしたり、フードコードで食事をしたり、雑貨を見たりした。授業用のノートを買って、午後 3 時には家に帰って来た。
> 　　　　　　　　　　　（→良い休日だったのか、悪い休日だったのかがわからない）
>
> ⬇ 追加
>
> ● 　様々なものを見ることができ、有意義な休日だった。
> ● 　結局ノートしか買えなかったため、買いたい物を先に考えてから出かければ良かった。

　説得力のある文章になるように、その時々でどちらを先に書くかが替わってきます。

　《まとめ》と《具体例》の間には接続語を使用し、前後の文の関係がわかりやすくなるようにしましょう。　　　　　　　　　　　　　　[参照：13 章 2.1. 接続語を活用する]

【例】《まとめ》を先に述べる（就職活動でよく使われる形式）

> 　私は、困っている人を見ると放っておけない性格だ。　まとめ（自分の考え・意見）
> 　例えば、先日の日曜日に道に迷っている人を見かけた。駅までの道順を説明したが、不安そうな様子だったため、20 分かけて駅まで案内した。　具体例（事実）

【例】《具体例》を先に提示する（学術的文章でよく使われる形式）

> 　新しく完成する高速道路は、トンネルや地下道部分の天井に太陽光パネルが設置されている。トンネル内の照明や、排気ガス浄化システムは太陽光発電で作られた電力が利用されている。　具体例（事実）
> 　つまり、その高速道路は環境に配慮した設計がされている。　まとめ（自分の考え・意見）

---

3. 原稿用紙の使い方

　大学のレポートや意見文、感想文の他、就職活動でも原稿用紙を使用することがあります。原稿用紙に文章を書く場合は、基本的な使い方を知っておく必要があります。原稿用紙は縦 20 字×横 20 字の 400 字詰めが一般的ですが、用途に応じて様々なものが作られています。提出先で特定の原稿用紙が指定されていることもありますので、注意しましょう。

　ここでは縦 20 字×横 20 字の 400 字詰め横書き原稿用紙の使い方を説明します。

横書き原稿用紙の基本的な使い方

① 題名（タイトル）

・1 行目に 3 マス下げて書き出す。

・副題がある場合は題名の次の行（2 行目）に書く。副題は―（ダッシュ）で囲む。
例「― 　副題 　―」

・題名に「　　」や☆などの飾り記号はつけない。

② 氏名

・題名（と副題）の次の行に、最後の 1 マスをあけ、右詰めで書く。

・氏と名の間は 1 マスあける。

・学科・学籍番号などは、氏名の前に 1 マスあけて書く。

③ 本文

・題名・氏名の次に、1 行あけて書き始める。

・書き出しは、1 マスあける。

④ 段落

・内容のまとまりごとに段落を作る。

・新しい段落に入るときは改行し、改行後の書き出しは 1 マスあける。

・空改行する必要はない（段落と段落の間はあけない）。

⑤ 文字

・1 マスに 1 字ずつ丁寧に書く。

・2 桁以上の数字やアルファベットは、1 マスに 2 字ずつ書く。文字数が奇数の場合は 1 字目を右詰めで 1 マスに書く。文字数が奇数の場合でもアルファベット大文字の場合は 1 マスに 1 字の場合もある。

【例】　| 19 | 45 | 年 |　　| 3. | 1 4 |　　| Y | es |　　| No |　　| S | N | S |

⑥ 句読点・符号（カッコなど）

・原則として 1 マスに 1 つ書く。ただし、以下の例外がある。

(1)「句点（。）」と「閉じのカッコ（」』）〉など）」が重なるときは、同じマスに入れる。

(2)「句読点（。 、)」や「閉じカッコ」は行の最初に書かない。前の行の最後の 1 マスに入れるかマスの外に書く。

(3)「ダッシュ（――）」や「リーダー（……）」は、2 マス用いる。

(4)「疑問符（?）」や「感嘆符（!）」の次は 1 マスあける。ただし、「閉じのカッコ」が次のマスにくる場合は、1 マスあけずに続けて書く。

※レポートなどの論理的な文章を書く場合は、原則「?」や「!」は用いない。

⑦ 会話文

・会話文ごとに改行し、行頭の 1 マスをあけて「　」で囲む。

・改行しない場合は、「　」で囲んで本文中に取り込む。

・会話の文末は、句点をつける書き方とつけない書き方がある。

※レポートを書く際は、個人的な体験よりも客観的なデータが優先されるため、会話文で表現するケースは少ない。

【原稿用紙の使い方の例】

		原	稿	用	紙	の	使	い	方										
								10	21	番		佐	藤		花	子	

　題名は1行目に、左から3マスほどあけて
書く。氏名は次の行に最後の1マスをあけて、
右詰めで書く。氏と名の間は1マスあける。
学籍番号などは、氏名の前に1マスあけて書
く。

　本文は題名・氏名の次に、1行あけて書く。
書き出しは、1マスあけて書く。

　段落は内容のまとまりごとに改行し、改行
後の書き出しは1マスあける。

　文字・符号（カッコ・句読点など）は、原
則としてそれぞれ1マス使用する。ただし、
2桁以上の数字やアルファベット（Noなど）
は、1マスに2字ずつ書く。Yesのように文
字数が奇数の場合、1文字目を右詰めで書く。

　句読点や閉じカッコは行の最初に書かない。
前の行の最後の1マスに入れるか、マスの外
に書く。

4. 文章の推敲

4.1. 体裁を順守する

　文章を提出する際、文字数、必要項目、ファイル名などの指定がある場合は必ず従いましょう。また、手書き、パソコン書きに関わらず、内容の区切れ目で段落分けを行い、段落の最初は 1 文字下げをします。

　レポートには以下の項目を記入する必要があります。指示がある場合はそれに従いましょう。特に指示がない場合は、冒頭に書いておくようにしましょう。

> ● 科目名
> ● 学部・学科名
> ● 学籍番号
> ● 名前

　文字数指定がある場合はそれに従いましょう。ない場合は空欄の 8 割以上を埋めるようにしましょう。

> ● 2000 字程度…プラス・マイナス 10%の範囲内で書く：1800 字から 2200 字
> ● 2000 字以内…指定されていなくても 80%を超える量で書く：1600 字から 2000 字

　レポートをパソコンで書く場合、特にフォントなどの指定が無ければ、以下の字体にすると読みやすくなります。

> ● タイトルは**ゴシック体**にし、ポイント数（文字の大きさ）を本文よりも大きくする。
> ● 本文は明朝体で書く。

4.2. 文章を推敲する

　意見文・レポート・エントリーシートなど、文章を書き終わったら、必ず推敲をします。推敲とは完成した文章を読み直し、練り直す作業のことです。推敲する際に、書き終わった文章を声に出して読んでみましょう。[→ 📖 問題演習 P.103]

内容	
誤字・脱字がないか	
書きことばに統一されているか	(P.112)
一人称の書き方は適切か	(P.31)
文体が統一されているか（常体または敬体）	(P.114)
省略語はないか	(P.115)
体言止め・倒置法はないか	(P.116)
ねじれ文はないか	(P.117)
ら抜き・れ足す・さ入れことばは使われていないか	(P.118)
一文は60字以内か	(P.123)
意味が一通りに決まる文になっているか	(P.125)
説明は具体的か	(P.126)
「思う」が多用されていないか	(P.30)
引用の方法は正しいか	(P.35)
参考文献の書き方は正しいか	(P.38)
原稿用紙の使い方は正しいか	(P.131)
文字数など、体裁を守っているか	(P.134)

POINT

・文体の選択や、体裁など、状況に合わせた文章表現を考える。
・接続語などを活用しながら、読み手にとってわかりやすい文章を書くことを意識する。
・文章を書いた後は、必ず読み直して推敲する。

【参考文献】
名古屋大学日本語研究会 GK7（2009）『スキルアップ！ 日本語力―大学生のための日本語練習帳』東京書籍
松浦照子　編（2017）『実践　日本語表現　短大生・大学1年生のためのハンドブック』ナカニシヤ出版

執筆者紹介

小出祥子 <small>こいでよしこ</small>	名古屋短期大学	准教授	02章、05章、06章 1/2/5/6/7、10章、13章 1.6/2.4
浅岡悦子 <small>あさおかえつこ</small>	名古屋市立大学	非常勤講師	04章、09章、11章、13章 1.1–1.5/2.1–2.3/2.5–4
川村祐斗 <small>かわむらまさと</small>	愛知淑徳大学	常勤講師	08章、12章
鬼頭祐太 <small>きとうゆうた</small>	名古屋大学	博士後期課程	06章 3/4、07章
松浦照子 <small>まつうらてるこ</small>	名古屋短期大学	名誉教授	01章、03章

実践 日本語表現
<small>じっせん にほんごひょうげん</small>
―伝わる日本語を身につける―
<small>つた にほんご み</small>

2023年4月1日 第1版 第1刷 発行
2024年5月10日 第1版 第2刷 発行

編　者　小出祥子
発行者　発田和子
発行所　株式会社 学術図書出版社

〒113－0033　東京都文京区本郷5丁目4－6
TEL03－3811－0889　振替00110－4－28454
印刷　（株）三和印刷

定価はカバーに表示してあります.

ISBN978-4-7806-1096-3　C3081

時限		科目名		日付		年　　　月　　　日
学籍番号			名前			

1-① 自己紹介（P.1）

自己紹介をする前に、いろいろな角度から、自分を見つめてみましょう。

自分の長所　　自分の短所　　趣味・特技　　出身高校　　高校時代の部活動 今はまっていること　　好きな食べ物　　好きなスポーツ　　好きな音楽 好きな映画　　今欲しいもの　　行ってみたいところ これからやりたいと思っていること　　将来の夢

1. 上の枠内の観点から3つを選んで〇をつけましょう。

2. それぞれについてどのようなことを話すか、メモを書いてみましょう。

　①

　②

　③

3. 1つの観点について1分で話すときの原稿を書いてみましょう。

　①

　②

　③

4.　1 つの観点について 3 分で話すときの原稿を書いてみましょう。

時限		科目名			日付		年	月	日
学籍番号				名前					

1-② 自己紹介をしましょう（P.3）

　メモを取りながら、クラスのメンバーの自己紹介を聞き、気になったことを質問しましょう。

（　　　　　　　　）さん

　メモ

　質問したいこと

（　　　　　　　　）さん

　メモ

　質問したいこと

（　　　　　　　　）さん

　メモ

　質問したいこと

（　　　　　　　　）さん

　メモ

　質問したいこと

（　　　　　　　　）さん

　メモ

　質問したいこと

（　　　　　　　　）さん

　メモ

　質問したいこと

1-③ アドバイスシート（P.4）

クラスのメンバーの自己紹介を聞いて、アドバイスを書きましょう。

（　　　　　　　　　　　　　　　　）さん

姿勢	5　－　4　－　3　－　2　-　1
目線	5　－　4　－　3　－　2　-　1
声の大きさ	5　－　4　－　3　－　2　-　1
話の構成	5　－　4　－　3　－　2　-　1
話のポイント	5　－　4　－　3　－　2　-　1
よかった ところ	
直した方が いいところ	

(https://www.gakujutsu.co.jp/text/isbn978-4-7806-1096-3/support/1-3.pdf)

時限		科目名		日付	年　　　月　　　日
学籍番号			名前		

2- ① 新聞の構成（一面）（P.4）

新聞の一面を見て、情報を記入しましょう。

題字	
日付	
トップ記事	
今日の紙面	
天気予報	
コラム （タイトル）	
その他	

初めて知ったこと・見つけたこと・考えたこと

2-② 新聞の構成（その他のページ）（P.5）

あなたのもっている新聞には、どのようなページがあるか確認してみましょう。

	政治・経済・国際関係のニュース。その日の重大ニュースを取り上げる。
	今、問題となっている事柄について、新聞社としての考えを述べる社説と、読者からの投稿欄で構成されている。
	産業界のニュースを取り上げる。
	アジア、アメリカなど、世界の情勢を取り上げる。
	金融関係の情報を国内外を問わず、取り上げる。株価一覧も載っている。
	芸能、文化に関するニュースを取り上げる。新聞社が催し物を後援していることも多い。
	地域のニュースを取り上げる。
	野球、テニスなどのスポーツを取り上げる。
	生活に役立つ医療関係の情報、健康づくりなどを取り上げる。
	事件、事故など、身近なニュースを取り上げる。
	テレビ、ラジオの番組解説などで構成されている。
	その他（1）
	その他（2）
	その他（3）
初めて知ったこと・見つけたこと・考えたこと	

時限		科目名		日付		年　　　月　　　日
学籍番号			名前			

2-③ 要約の方法 （P.6）

　用意した新聞記事について、要約してみましょう。

1．見出しに、アルファベットなどの記号を振り、書き出しましょう。

例：K	例：部活指導　地域移行を推進

2．リード文の内容を見出しの内容と対応させましょう。

例：K	例：まずは休日から部活動指導を地域の・・・

3．段落に番号を振り、それぞれの内容を見出しの内容と対応させましょう。

例：第 17 段落	例：E+ 新	例：第 22 段落	例：G
第 1 段落		第 11 段落	
第 2 段落		第 12 段落	
第 3 段落		第 13 段落	
第 4 段落		第 14 段落	
第 5 段落		第 15 段落	
第 6 段落		第 16 段落	
第 7 段落		第 17 段落	
第 8 段落		第 18 段落	
第 9 段落		第 19 段落	
第 10 段落		第 20 段落	

(https://www.gakujutsu.co.jp/text/isbn978-4-7806-1096-3/support/2-3.pdf)

4．記事の主題を表すキーワードを見つけましょう。

5．各段落の中心文を書き出しましょう。

例：第 17 段落	例：まずは休日から部活動指導を地域の民間スポーツ団体などに委ねる「地域移行」の推進を盛り込む見通しだ。
第 1 段落	
第 2 段落	
第 3 段落	
第 4 段落	
第 5 段落	
第 6 段落	
第 7 段落	
第 8 段落	
第 9 段落	
第 10 段落	

(https://www.gakujutsu.co.jp/text/isbn978-4-7806-1096-3/support/2-3.pdf)

時限		科目名		日付		年　　　月　　　日
学籍番号			名前			

第 11 段落	
第 12 段落	
第 13 段落	
第 14 段落	
第 15 段落	
第 16 段落	
第 17 段落	
第 18 段落	
第 19 段落	
第 20 段落	

（https://www.gakujutsu.co.jp/text/isbn978-4-7806-1096-3/support/2-3.pdf）

6. 中心文を繋げて、表現を整えましょう。

時限		科目名		日付		年　　月　　日
学籍番号			名前			

7．指定の文字数に合うように、文字数を調節しながら、下書きを書きましょう。

新聞名【　　　　　　　　　　】

見出し【　　　　　　　　　　　　　　　　　　　　　　】

発行年月日【　　　　　　】朝刊／夕刊【　　　】版【　　　　　　】該当頁【　　　】

キーワード

調べた単語

要　約（下書き）

（原稿用紙省略）

添削者チェック欄　　添削者名前＿＿＿＿＿＿＿＿＿＿
□ 原稿用紙の使い方が正しい　□ 話し言葉がない　□ 体言止めがない　□ ねじれ文がない　□60字以上の文がない
□ 段落が2つ以上ある　□ だ／である体で書かれている　□「思う」が多用されていない
□ 見出しの内容が過不足なく示されている　□ 指定された文字数の9割以上書いてある

(https://www.gakujutsu.co.jp/text/isbn978-4-7806-1096-3/support/2-3.pdf)

2-④ 新聞の要約（P.8）

新聞名【　　　　　　　　　　　　　　】

見出し【　　　　　　　　　　　　　　　　　　　　　　　　　　　】

発行年月日【　　　　　　　　】朝刊/夕刊【　　　】版【　　　　　　　　】該当頁【　　　　　　】

キーワード

調べた単語

要　約

添削者チェック欄　　添削者名前＿＿＿＿＿＿＿＿＿＿＿＿

□ 原稿用紙の使い方が正しい　□ 話し言葉がない　□ 体言止めがない　□ ねじれ文がない　□ 60字以上の文がない

□ 段落が2つ以上ある　□ だ/である体で書かれている　□「思う」が多用されていない

□ 見出しの内容が過不足なく示されている　□ 指定された文字数の9割以上書いてある

(https://www.gakujutsu.co.jp/text/isbn978-4-7806-1096-3/support/2-4.pdf)

時限		科目名		日付		年　　　　月　　　　日
学籍番号			名前			

3- ① あらまし読みシート（P.13）

① あなたは、なぜ、その本を手に取りましたか。

_____

② 奥付（本の後ろ）にある「書誌情報」（「書名」「著者名」「発行年」など）をメモしましょう。

書名

_____

著者名

_____

著者プロフィール

_____

出版社名（発行所名）　　　　　　　　　　　　発行年

_____　　_____

新書名・シリーズ名

_____

③ 目次を見て、興味のある章の見出しを 1 つ書き写しましょう。

_____

④ 題名・目次・表紙カバーの解説などから、その本を説明するのに必要な語句・表現（キー ワード）を 12 拾い出しましょう。

①	②	③	④
⑤	⑥	⑦	⑧
⑨	⑩	⑪	⑫

⑤ 選んだ本についての紹介文を書きましょう。

_____

_____

_____

(https://www.gakujutsu.co.jp/text/isbn978-4-7806-1096-3/support/3-1.pdf)

3-② 比べ読みシート（P.16)

	文献 1	文献 2
書名		
著者名		
著者の プロフィール		
出版年		
目次		
はじめに		
キーワード		

（https://www.gakujutsu.co.jp/text/isbn978-4-7806-1096-3/support/3-2.pdf)

時限		科目名			日付	年　　月　　日
学籍番号				名前		

4-① 意見文を読む（P.17）

1.【例題】を読み、どちらがより説得力があると思いましたか。説得力があると思った方に
　○を付けましょう。

　　　【YES の例】　　　　　　　　【NO の例】

【例題】SNS を利用することで人間関係は深まるか、あなたの考えを 400 字程度でまとめて
下さい。

【YES の例】

　SNS を利用することで人間関係は深まると考える。

　確かに、SNS を利用したいじめなどの問題もある。しかし、SNS を活用することで面と
向かって言えないことでも、相手に伝えることができる。

　私は、話すことが苦手だ。自分の考えを言葉にすることに時間がかかり、その間に次の話
題に移り変わってしまうこともある。

　以前、アルバイト先での人間関係に悩んでいたことがあった。先輩が「大丈夫？」と声を
かけてくれたが、その時は「大丈夫です」と返してしまった。家に帰ってからも悩みは晴れ
なかったため、思い切って先輩に LINE で相談した。先輩に聞いてもらったことで悩みが解
決し、アルバイト先の人達との信頼関係も深まったと感じる。

　このように、SNS だと会話のテンポを気にすることなく時間をかけて言葉にまとめること
ができる。その結果、話すことが苦手でも自分の考えを伝えることができる。

　よって、SNS を利用することで人間関係は深まると考える。　　　　　　　　　（403字）

【NO の例】

　SNS を利用することで人間関係は深まるのだろうか。私はそうは思わない。

　確かに、SNS を利用すれば、離れた場所にいる友達とも頻繁にやりとりをすることができ
る。しかし、人間関係を深めるようなできごとは、SNS 上の会話ではなく実際の会話によっ
て生み出されていることが多い。

　私は以前、SNS が原因で友人と喧嘩をしてしまったことがある。自分では十分に説明をし
たつもりでも、誤解を与えてしまう内容を送ってしまったからだ。その後、友人には電話で
謝り、誤解を解くことができた。次にその友人と会った時に、改めて「この前はごめんね」
と伝えた。

　このように、表情や声のトーンがわからない SNS では、うまくコミュニケーションがと
れないことがある。それを修復するのは、電話や実際に会うなどの、文字だけではない会話
の場面だ。おそらく、SNS だけでの謝罪では、誠意がないと思われてしまうだろう。

　よって、SNS では人間関係は深まらないと考える。　　　　　　　　　　　　（391字）

2.　なぜそう思ったのか、理由を書きましょう。

時限		科目名		日付		年　　　月　　　日
学籍番号			名前			

4-② 意見文を書くⅠ (P.17)

　小学生が携帯電話を持つことに賛成か反対か、あなたの意見を述べましょう。

1．問題文の定義づけを行う

● 　小学生（低学年なのか、高学年なのか　など）

● 　携帯電話（スマートフォンなのか、それ以外なのか　など）

● 　使う場所（学校か、帰宅後か　など）

● 　使い方（電話だけなのか、インターネットも含むか　など）

● 　その他（他に気づいたこと）

2．材料を集める

賛成・反対意見の理由をそれぞれできるだけ多く書きだしてみましょう。

（自分が《経験したこと》《聞いたこと》《見たこと》《読んだこと》などを書く）

〈賛成意見〉

〈反対意見〉

3. 自分の意見を決定する

● 上で集めた材料を見て、自分の意見を決めましょう。　〔　賛成　　　　反対　〕

● 材料の中から、意見文を書く上で最適なものを1つ選び、○を付けましょう。
　　その際、賛成意見・反対意見の両方から1つずつ選びましょう。

4. 構成を考える

　以下の様式に沿って、意見文を完成させましょう。

　私は小学生がスマートフォンを持つことに〔賛成 or 反対〕である。

確かに〔

　　　　　　　　　　　　　　　　　　　　　　　　〕という意見もある。

しかし、〔

　　　　　　　　　　　　　　　　　　　　　　　　〕である。

〔

　　　　　　　　　　　　　　　　　　　　〕という経験をしたことがある。
　　　　（「～と聞いたことがある」「～と○○で読んだことがある」など）

このように、〔

　　　　　　　　　　　　　　　　　　　　　〕である。

よって、私は小学生がスマートフォンを持つことに〔賛成 or 反対〕である。

時限		科目名		日付		年　　　　月　　　　日
学籍番号			名前			

4-③ 意見文を書くⅡ（P.21）

　今、日本では小学校でも英語の授業があります。小学校で英語の授業をする場合、能力別クラスにした方がいいと考える人もいれば、能力別にしないほうがいいと考える人もいます。小学校での英語の授業はどのようであるべきだと思いますか。あなたの考えを400字程度で述べましょう。

〈メモ欄〉

200

400

(https://www.gakujutsu.co.jp/text/isbn978-4-7806-1096-3/support/4-3.pdf)

時限		科目名		日付	年　　月　　日
学籍番号			名前		

5-① レポートを書く理由 (P.22)

なぜレポートを書くのだと思いますか？　今の考えを書いてみましょう。

理由 （自分の考え）	
理由 （グループの 人の考え）	
Memo	

レポート作成の流れ (P.26)

レポートを書いてみましょう。

テーマ

テーマについて、書けそうなことをできるだけたくさん書きだしましょう。その中から、書きたいと思ったものに〇をつけましょう。

構成を考えましょう。

1．レポートテーマに対する"回答"を書く（全体の文量の 10％）

・

2．経験の内容を具体的に書く（全体の文量の 60％）

・

・

・

3．経験を分析し、学んだこと・考えたことを具体的に書く

　（全体の文量の 20％（経験の分析 10％・学んだこと・考えたこと 10％））

・

・

4．今後の課題を具体的に書く（全体の文量の 10％）

・

・

下書きを書きましょう。

書き終わったら、以下の 10 か条についてチェックをし、清書を書きましょう。

□形式を守る　□漢字で書く　□「だ / である体」で書く　□１文は短く　□段落を作る

□書きことばで書く　□主語は「私」　□体言止め禁止　□「〜と思った。」の多用に注意

□文量規定を守る

時限		科目名			日付		年　　　月　　　日
学籍番号				名前			

6-① 事実と意見（P.28）

1. 次の各文は、事実を記述した文・意見を記述した文のどちらでしょうか。（ ）のどちらかに○をつけましょう（以下で言及する人名等は、すべて実在のものとする）。

(1) 桓武天皇は、794 年、平安京に遷都した。　　　　　　　　　　　　（ 事実・意見 ）

(2) ここで取り上げた問題については、早急に取り組むべきである。　　（ 事実・意見 ）

(3) 上記の例は、本稿の主張を支持するものと考えられる。　　　　　　（ 事実・意見 ）

(4) クジラは哺乳類である。　　　　　　　　　　　　　　　　　　　　（ 事実・意見 ）

(5) この主張の妥当性を示すためには、さらにデータが必要である。　　（ 事実・意見 ）

(6) 東海道新幹線は 1964 年に開通した。　　　　　　　　　　　　　　（ 事実・意見 ）

(7) 重要な先行研究に言及できていないのは、問題ではないだろうか。　（ 事実・意見 ）

(8) 戦争とはどのような状態を指すのだろうか。　　　　　　　　　　　（ 事実・意見 ）

2. 次の各文章について、意見の部分に下線を引いてみましょう。

(1) 近年、子どもの学力と学習環境についての調査研究が多いように思われる。国立教育政策研究所の「令和 4 年度全国学力・学習状況調査　報告書」（2022 年 7 月）にも、「家にある本（雑誌、新聞、教科書は除く）の冊数が多い児童生徒ほど、教科の平均正答率が高い傾向が見られる。」とある。これらの結果を受け、学修環境を改善する取り組みを行う地域が出てくるだろう。私たちも、今後、これらの取り組みを注視すべきである。

(2) 日本に暮らす外国人に対する日本語教育の課題は何だろうか。国立国語研究所日本語教育基盤情報センターの「生活のための日本語：全国調査 結果報告〈速報版〉」（2009 年 5 月）によると、「日本語でできるようになりたい人が多い行動」として、「火災・救急・警察に電話」を挙げる人が、「ひらがなとカタカナが読める」レベルでは 1 位、「やさしい漢字が読める」レベルでは 2 位、「身近な文章が読める」レベルでは 1 位であった。緊急時の連絡は、生活していく上で大切な能力であろう。日本に暮らす外国人に対し、早急に、緊急時の連絡方法を伝える必要があるのではないか。

6- ② 事実と意見の書き分け（P.29）

指示にしたがって、事実と意見とが明確にわかるように書き分けましょう。

　例文：彼はおそらく、雨が降っていたから、傘を持っていったのだろう。

（1）「雨が降っていた」が事実、「傘を持っていった」が意見

（2）「雨が降っていた」が意見、「傘を持っていった」が事実

主観的な内容・客観的な内容（P.29）

　下の文章は、おなじ事故について記述したものです。それぞれどのように印象が異なるか、考えてみましょう。

（1）5月16日、バスの事故が発生した。バス車内の模様が、安否を気遣う家族らに伝えられたのは17日午後4時過ぎ。公民館のテレビが、「バス内で5人の遺体発見」と報ずると、画面を祈るような表情で見つめていた人たちの輪が「ワーッ」と泣き崩れた。知人の1人はテーブルに顔を伏せたまま、「どうして、こんなことになってしまったんだ」と、何度も握りこぶしをたたきつけた。

（2）5月16日、バスの事故が発生した。山中の気候が安定したため、17日午前10時過ぎから捜索を始めたところ、まず最後部の座席から男女各1遺体を発見、午後4時46分までに全遺体を収容した。全員の身元が確認された。最後部の2遺体はやけどによる損傷が激しかったが、その他の遺体は、衣服もあまり焼けておらず、顔がすすけた状態だった、という。

時限		科目名			日付		年	月	日
学籍番号				名前					

6-③ 主観的な記述・客観的な記述（P.29）

1．次の文は、主観的に感じられる記述です。客観的な記述に書き換えてみましょう。

（1）コップを割った。

（2）パソコンを壊した。

2．次の（1）～（5）の文を、【　】内の指示に従って、客観的な記述に書き換えてみましょう。

（1）水を水素と酸素に分ける。【「分ける」を自動詞に替えて】

（2）人々は春になると桜の花を見る。【ラレルを使って動作主を消去して】

（3）効果的な試験勉強で成績をあげる。【「あげる」を自動詞に替えて】

（4）セミナーの内容を変更する。【「する文」→「なる文」】

（5）ある大臣に政策失敗の責任をとらせて更迭した。【「する文」→「なる文」】

3.　次の文を、客観的な記述にしてください。【 】があるものは、その指示に従いましょう。

（1）顧客を増やすためにも、より魅力的な商品を開発して欲しい。

　　顧客を増やすためにも、より魅力的な商品の ＿＿＿＿＿＿＿＿＿＿＿＿＿＿＿＿＿＿＿

（2）犯行の動機は人間関係にあったかもしれない。

　　犯行の動機は人間関係にあったとの＿＿＿＿＿＿＿＿＿＿＿＿＿＿＿＿＿＿＿＿＿＿＿＿＿

（3）予選を突破するためにも、攻撃的な選手が増強されればよいと思う。

　　予選を突破するためにも、攻撃的な選手の増強が＿＿＿＿＿＿＿＿＿＿＿＿＿＿＿＿＿＿

（4）この問題を解決するためには、今後の対応を効果的に行うことが必要だと思う。

【思う→だ／である】

＿＿

（5 応用 ）この方針を続けることが、問題の解決に繋がるか、よくわからない。

【形容詞・形容動詞を用いた形で】

＿＿

時限		科目名		日付		年　　　月　　　日
学籍番号			名前			

6-④ 論証（P.31）

1．次の文は論証が適切ではありません。なぜ適切でないのか説明しましょう。

(1) △△という実験により「○○は有害だ」と確認できたから、是非使ってみなさい。

(2) ○○を使ったXさんは病気になったから、○○を使用する人は病気になる。

(3) ○○というメーカーの車はすぐに壊れる。なぜなら、私の○○の車は、購入後半年でエアコンが壊れたからだ。

(4) 車の運転は女性よりも男性の方が上手である。なぜなら、タクシーやトラックのドライバーは、男性の方が多いからだ。

(5) 結婚式は平日にした方が良い。なぜなら、土日、祝日に結婚式を挙げた場合よりも、離婚件数が少ないからだ。

(6) あのアイドルは、努力家で性格もいいに違いない。なぜなら、容姿が優れているからだ。

2．次の結論の根拠をできるだけたくさん探してみましょう。また、学術的文章として、結論
　　の設定の仕方に問題がある場合には、その点も指摘してみましょう。

（1）日本の少子化は進んでいる。

（2）名古屋の人は、赤味噌が好きだ。

（3）ナイチンゲールは、素晴らしい人である。

時限		科目名			日付		年　　　月　　　日		
学籍番号				名前					

6-⑤ 参考文献（資料）の探し方（P.32）、引用の方法（P.35）

1. JapanKnowledge や各新聞のデータベースについて自身の所属する学校における契約状況を確認しましょう。そのうえで次の表を埋めましょう。

データベース名	契約の有無	学内であればどこからでもアクセスできるか	学外からのアクセス
例）○○新聞データベース	有	可	不可
JapanKnowledge			
朝日新聞クロスサーチ			
ヨミダス歴史館			
中日新聞・東京新聞記事データベースサービス			
日経テレコン 21			
毎索			

2. CiNiiResearch で論文を探し、次の表を埋めましょう。それぞれ 2 つのキーワード
　（①　　　　　　　　　、②　　　　　　　　　　　　）（例：①日本語 、②表現）を用いること。
　また、検索方法については次の a ～ c とすること。

検索方法	得られた件数	調べた日付
a. AND 検索		
b. OR 検索		
c. NOT 検索（キーワード①を含むが、②を含まないデータの数）		

3. CiNii や J-STAGE を用いて論文を検索し Web 上で利用したとします。その際、参考文献欄にはどのように示せばよいでしょうか。実際に検索し、閲覧したうえで以下に記入しましょう。

4. 図書館の OPAC で 1 冊、書籍の情報を調べ次の表を埋めましょう。

書名	
著者・編者	
出版年	
出版社	
請求記号	
配架場所	

5.　4. で調べた資料を参考文献として用いた場合、参考文献欄にはどのように示せばよいでしょうか。以下に示しましょう。

6. 次の奥付を持つ書籍を引用した場合、参考文献欄にどのように示せばよいでしょうか。以下に示しましょう。

実践　日本語表現 !!
―短大生・大学生のための―
2012 年 3 月 15 日 初　版 第 1 刷 発行
2017 年 3 月 15 日 第 2 版 第 1 刷 発行
2020 年 3 月 15 日 第 2 版 第 2 刷 発行

編 著 者：髙橋遥香
発 行 者：川村友朗
発 行 所：株式会社未来桜出版
住　　所：〒 470-1161　愛知県豊明市栄町武侍
電話番号：012-3456-7689

時限		科目名			日付		年　　　月　　　日
学籍番号				名前			

7. 次の文章は本書の6章 3.1.（P.32 ページ）のものです。これを読んで（1）、（2）に
　答えましょう。その際、本書の執筆者紹介・奥付（P.136）も参考にしてください。

　　レポートや論文のテーマが決まったら、関連する資料を集めましょう。(a)テーマによっては頭の中の材料を引き出すだけでは十分な論述ができない場合があります。

　　先に述べたように、先行する資料を踏まえた方がよりよい問題解決に繋がります。そのため、テーマに関わる資料を様々な方法で集める必要があります。しかし、ただ集めるだけではいけません。資料の中には根拠があいまいなものや、サンプルが偏っているものも多く、全ての資料が使えるわけではないからです。どの資料が有効と言えるのか、読み込み、分析することが重要になります。

　　まず、テーマに関してどのようなことがわかっているのか、課題となっていることは何か、どのような意見があるのかなど、資料を通して大まかに確認しておきましょう。その際、テーマについての事実と意見を把握することが大切です。また、仮説の立て方や調査の手法、論法などで参考になるものがあるか、その中に問題となる点はないかといったことも検討する必要があります。そして、それらを分析することで「具体的な問い」を立てることができます。「具体的な問い」が決まったら、さらにそれに関連する先行研究や、問いに対する答えを導くための資料を検索してみましょう。

（1）下線部（a）をハーバード方式で直接引用しなさい。また、引用した際に参考文献欄に書
　　くべき出典情報を適切な形で示しましょう。

（2）第2段落をバンクーバー方式で間接引用し、適切な注を付けましょう。

時限		科目名			日付		年	月	日
学籍番号				名前					

6-⑥ 接続語（P.41）

1. 「じゃんけん」を知らない人と一緒に遊べるように、じゃんけんのルールを説明してみましょう。

（接続語を学ぶ前に挑戦してみましょう）

2. ババ抜きのルールを知らない人と一緒に遊べるように、ババ抜きのルールを説明してみましょう。

（接続語を学んだことを活かして、書いてみましょう）

3. 「割りばし」を知らない人に、割りばしについて説明してみましょう。

（接続語を学んだことを活かして、書いてみましょう）

6- ⑦ 比較対照の表現（P.42）

1. 野球とサッカーの違いをできるだけたくさん明確に書いてください。

　　（例：野球は○○だが、サッカーは□□である）

2. 厚生労働省が発行している「100人で見た日本」をWebで検索しましょう。令和3年版
　　と平成25年版のデータについて、比較対照の表現を5つ以上用いて、説明してください。

時限		科目名			日付		年	月	日
学籍番号				名前					

6-⑧ テーマについて知っていることを整理する （P.45）

　「現代の日本の大学生について」をテーマとしたレポートを書きます。「現代の日本の大学生」について、知っていることや調べたこと、もっと知りたいことなどをできるだけたくさん書きましょう。

　　知っていること　　　　　　　　　　　　　　調べたこと

　　さらに知りたいこと　　　　　　　　　　　　考えたこと

テーマについて調査する （P.45）

　上に書き出したものの中で、調査する必要があると思うものに〇をつけましょう。
調査するものの書誌情報を記入しておきましょう。

　ベネッセ教育総合研究所　第 4 回 大学生の学習・生活実態調査報告書　データ集 [2021 年] を見て、内容を説明し、現代の大学生についてわかったことを書きましょう。接続語や比較対照の表現を使用したところには下線を引きましょう。

　　自分の用意したデータについても、内容を文章で説明しましょう。接続語や比較対照の表現を使用したところには下線を引きましょう。

時限		科目名			日付		年	月	日
学籍番号				名前					

6-⑨ 目標規定文（P.48）

下の考えを、目標規定文の形式に直してみよう。

インターネットショッピングでは、家であちこちの値段をくらべて一番安いところで買えるので、経済的だと思います。もし実際に何件も店に行って値段を比べていたら、交通費や労力だけでも大変ですよ。だから、インターネットで買うのは、賢いと思います！

「現代の日本の大学生について」をテーマとしたレポートの、目標規定文を書いてみましょう。

時限		科目名		日付		年　　　月　　　日
学籍番号			名前			

6-⑩ 先行研究を読む（P.48）

1. 先行研究を集め、書誌情報を書きましょう。

2. 先行研究を読み、良い点、悪い点、自分の見解と同じ点や異なる点、疑問点、不足している点について、指摘してください。

　・良い点　　　　　　　　　　　　　　　　・悪い点

　・自分の見解と同じ点　　　　　　　　　　・自分の見解と異なる点

　・疑問点　　　　　　　　　　　　　　　　・不足している点

　・その他

3. 先行研究を読み、引用の形式を使用しながら批判的に評価をしてください。

時限		科目名			日付	年　　　月　　　日
学籍番号				名前		

6-⑪ 調査を進める（P.49）

調査した内容と、書誌情報（あれば）をまとめておきましょう。

調査した内容	書誌情報

(https://www.gakujutsu.co.jp/text/isbn978-4-7806-1096-3/support/6-11.pdf)

時限		科目名			日付		年	月	日
学籍番号				名前					

6-⑫ 構成を考える（P.49）

「現代の日本の大学生について」をテーマとしたレポートの構成を考えてみましょう。

序論	話題の紹介（定義、現状） 話題の背景（問題、先行研究（書誌情報）） 調査の方針 結論
本論	データ1（書誌情報） データ1についての考察 データ2（書誌情報） データ2についての考察
結論	結論 今後の課題と展望

時限		科目名		日付		年　　　　月　　　　日
学籍番号			名前			

7-① 敬語 (P.54)

1. 次の表の空欄（特殊形）に適切な表現を書きこみましょう。

尊敬語の特殊形

もとの形	特殊形
行く	
食べる	
着る	
くれる	
言う	
来る	
気に入る	
する	
いる	

謙譲語の特殊形

もとの形	特殊形
あげる・与える	
聞かす	
聞く	
見る	
言う	
借りる	
思う	
する	
知る	

2. 以下の文には敬語として不適切な箇所があります。不適切な箇所に下線を引き、正しい敬語表現に書き直しましょう。【　】がある場合、その条件に従いましょう。

(1) 明日の会議に、ご参加されますか。

　　　　　　　　　　正 _____

(2) 佐藤様が参られました。

　　　　　　　　　　正 _____

(3) 先生は今回の不祥事を存じ上げておりませんか。

　　　　　　　　　　正 _____

(4) 大学図書館に所蔵している資料をご覧になりたいと父が申しておりました。

　　　　　　　　　　正 _____

(5) 粗品をいただいてください。

　　　　　　　　　正＿＿＿＿＿＿＿＿＿＿＿＿＿＿＿＿＿＿＿

(6) 営業時間内にお伺いください。

　　　　　　　　　正＿＿＿＿＿＿＿＿＿＿＿＿＿＿＿＿＿＿＿

(7) ご不明な点があれば、お聞きになってください。

　　　　　　　　　正＿＿＿＿＿＿＿＿＿＿＿＿＿＿＿＿＿＿＿

(8) 先生からメールをもらいました。

　　　　　　　　　正＿＿＿＿＿＿＿＿＿＿＿＿＿＿＿＿＿＿＿

(9) どのサイズのバッグにいたしますか。

　　　　　　　　　正＿＿＿＿＿＿＿＿＿＿＿＿＿＿＿＿＿＿＿

(10) スクールバスがいらっしゃいました。

　　　　　　　　　正＿＿＿＿＿＿＿＿＿＿＿＿＿＿＿＿＿＿＿

(11) こちらの車両にはご乗車できません。

　　　　　　　　　正＿＿＿＿＿＿＿＿＿＿＿＿＿＿＿＿＿＿＿

(12) ご注文の品は以上でよろしかったでしょうか。

　　　　　　　　　正＿＿＿＿＿＿＿＿＿＿＿＿＿＿＿＿＿＿＿

(13) お皿の方お持ちしました。

　　　　　　　　　正＿＿＿＿＿＿＿＿＿＿＿＿＿＿＿＿＿＿＿

(14) こちらビールになります。

　　　　　　　　　正＿＿＿＿＿＿＿＿＿＿＿＿＿＿＿＿＿＿＿

(15) お飲み物は大丈夫ですか。

　　　　　　　　　正＿＿＿＿＿＿＿＿＿＿＿＿＿＿＿＿＿＿＿

(16) 明日、先生は大学にみえますか。

　　　　　　　　　正＿＿＿＿＿＿＿＿＿＿＿＿＿＿＿＿＿＿＿

(17) 読まさせていただきます。

　　　　　　　　　正＿＿＿＿＿＿＿＿＿＿＿＿＿＿＿＿＿＿＿

時限		科目名		日付		年	月	日
学籍番号			名前					

(18)【教員に対して】
　　東京から父が参られました。

　　　　　　　　　　　　正 _____

(19) 先ほど、先生がご説明した点がよくわかりません。

　　　　　　　　　　　　正 _____

(20) 私がおっしゃった意見は見当違いでしょうか。

　　　　　　　　　　　　正 _____

(21)【お客様に対して】
　　この色はどうですか。

　　　　　　　　　　　　正 _____

(22)【間違い電話に対して】
　　どこへおかけでしょうか。こちらは〇〇です。

　　　　　　　　　　　　正 _____

(23)【しばらくしてから電話を取るとき】
　　お待たせしてごめんなさい。〇〇でございます。

　　　　　　　　　　　　正 _____

(24)【声が遠くて聞き取れないとき】
　　申し訳ございません。もう少し大きい声でお願いします。

　　　　　　　　　　　　正 _____

(25)【「佐藤様はいらっしゃいますか？」という別会社からの電話に対して】
　　佐藤部長はいらっしゃいます。

　　　　　　　　　　　　正 _____

3. 以下の文章について、適切な表現に直しましょう。【 】がある場合はその条件に従いましょう。

(1) お父さんが申していました。

適切な表現：＿＿＿＿＿＿＿＿＿＿＿＿＿＿＿＿＿＿＿＿＿＿＿＿＿＿＿＿＿＿＿＿＿

(2) 住所をここに書いてください。

適切な表現：＿＿＿＿＿＿＿＿＿＿＿＿＿＿＿＿＿＿＿＿＿＿＿＿＿＿＿＿＿＿＿＿＿

(3) 【お礼の品をもらって】　粗品をありがとうございます。

適切な表現：＿＿＿＿＿＿＿＿＿＿＿＿＿＿＿＿＿＿＿＿＿＿＿＿＿＿＿＿＿＿＿＿＿

(4) イベントにご参加されますか。

適切な表現：＿＿＿＿＿＿＿＿＿＿＿＿＿＿＿＿＿＿＿＿＿＿＿＿＿＿＿＿＿＿＿＿＿

(5) お客様がお越しになられました。

適切な表現：＿＿＿＿＿＿＿＿＿＿＿＿＿＿＿＿＿＿＿＿＿＿＿＿＿＿＿＿＿＿＿＿＿

(6) 【課長本人に対して】　課長がおっしゃられました。

適切な表現：＿＿＿＿＿＿＿＿＿＿＿＿＿＿＿＿＿＿＿＿＿＿＿＿＿＿＿＿＿＿＿＿＿

(7) ブレンドコーヒーになります。

適切な表現：＿＿＿＿＿＿＿＿＿＿＿＿＿＿＿＿＿＿＿＿＿＿＿＿＿＿＿＿＿＿＿＿＿

(8) ご注文は以上でよろしかったでしょうか。

適切な表現：＿＿＿＿＿＿＿＿＿＿＿＿＿＿＿＿＿＿＿＿＿＿＿＿＿＿＿＿＿＿＿＿＿

(9) 1000 円からお預かりいたします。

適切な表現：＿＿＿＿＿＿＿＿＿＿＿＿＿＿＿＿＿＿＿＿＿＿＿＿＿＿＿＿＿＿＿＿＿

(10) 【目上の人に対して】　ご苦労様でした。

適切な表現：＿＿＿＿＿＿＿＿＿＿＿＿＿＿＿＿＿＿＿＿＿＿＿＿＿＿＿＿＿＿＿＿＿

時限		科目名			日付		年	月	日
学籍番号				名前					

4.「クッションことば」を用いて以下の場面で適切な表現を答えましょう。

（1）店が混雑していてすぐに案内できないことを、お客さんに伝える場合。

答 _____

（2）上司に仕事を頼まれたが、その日に予定があり、仕事ができない場合。

答 _____

（3）お客様の名前をウェイティングシートに記入してもらう場合。

答 _____

（4）先生にレポートの書き方について教えてもらいたい場合。

答 _____

5. 次のような状況を想定し、適切な敬語を使ったやり取りをしてみましょう（グループワーク）。

（1）飲食店の予約がお客さんからかかってきた際の電話対応をしている場面。

（2）面接を受けた企業から採用結果が伝えられ、今後の予定を調整している場面。

時限		科目名		日付		年　　　月　　　日
学籍番号			名前			

8-① 宛先（TO）・CC・BCC（P.68）

　次のような場合、メールの「宛先（TO）」「CC」「BCC」の欄にはそれぞれ誰の名前を書けば良いでしょうか。解答欄に名前を書きましょう。誰の名前も書く必要がない場合は×と書いてください。

(1) テニス同好会の新入会員であるあなたは、会費の払い方がわかりません。そこで、会費係である先輩の佐藤さんに、メールで会費の払い方を教えてもらおうと考えました。念のため、会長である鈴木さんにもメールが届くように設定しておきます。鈴木さんのメールアドレスは会員であれば誰でも知っており、佐藤さんが鈴木さんのメールアドレスを見ることができても問題はありません。

宛先（TO）	CC	BCC

(2) 大学祭実行委員会の会長であるあなたは、委員会のメンバー全員（高橋さん、田中さん、伊藤さん）に対して、メール（パソコン）で一斉に連絡を送ろうと考えています。委員会のメンバーのメールアドレスは個人情報であり、互いに公表し合っていません。会長であるあなただけが、全員のメールアドレスを把握しています。このメールでもお互いの個人情報が漏洩しないよう、配慮しなければなりません。なお、宛先（TO）には自分のスマートフォンのメールアドレスを設定します。

宛先（TO）	CC	BCC
自分のスマートフォン		

8-② メール（P.72）

お礼メールの＜悪い例＞を読んで、改善すべき点を書き出しましょう。

件名	件名に修正すべき点はありません。
宛名	
あいさつ	
送信者情報	
本題	
署名	
レイアウト	
敬語	

時限		科目名				日付	年　　　　月　　　　日
学籍番号				名前			

8-③ メール（P.73）

以下のような状況を想定して正しいメール文を書いてみましょう。

【状況】「日本語演習」の授業で課題が出されました。課題に取り組むには本やインターネットを使った調査が必要です。しかし、何をどのように調べれば良いのか見当もつきません。そこで、担当教員である川村太郎先生に直接会って、質問しようと考えました。川村先生の都合をメールで尋ねてみましょう。川村先生のメールアドレスは「******* @ ***.ac.jp」とします。

宛先（TO）：

CC：

BCC：

件名：

本文：

時限		科目名		日付		年　　　月　　　日
学籍番号			名前			

9-① インタビュー前の活動I（P.75）

1. インタビューの目的を話し合いましょう。

・

・

・

2. インタビュー先の候補を3つ考えましょう。

第一希望〔　　　　　　　　　　　　　　　　　　　　　　　　　　〕

第二希望〔　　　　　　　　　　　　　　　　　　　　　　　　　　〕

第三希望〔　　　　　　　　　　　　　　　　　　　　　　　　　　〕

3. アポイントメントを取るメールを書きましょう。
　　① メールの下書きを書く（メールの書き方については 08 章を参照してください）

宛先（TO）：＿＿＿＿＿＿＿＿＿＿＿＿＿＿＿＿＿＿＿＿＿＿＿＿

CC：＿＿＿＿＿＿＿＿＿＿＿＿＿＿＿＿＿＿＿＿＿＿＿＿＿＿＿＿

BCC：＿＿＿＿＿＿＿＿＿＿＿＿＿＿＿＿＿＿＿＿＿＿＿＿＿＿＿

件名：＿＿＿＿＿＿＿＿＿＿＿＿＿＿＿＿＿＿＿＿＿＿＿＿＿＿＿＿

本文：＿＿＿＿＿＿＿＿＿＿＿＿＿＿＿＿＿＿＿＿＿＿＿＿＿＿＿＿

_____

_____

_____

_____

_____

_____

② 下書きメールを担当教員に送る（メール送信担当：　　　　　　　　　）

③ 担当教員から添削された下書きを修正する

④ インタビュー先にメールを送る（メール送信担当：　　　　　　　　　）

⑤ 決定したインタビューの日時・場所を以下に記入しましょう

　　　日付：　　　　　年　　　　　月　　　　　日

　　　時間：　　　　　時　　　　　分

　　　場所：

時限		科目名		日付		年　　　月　　　日
学籍番号			名前			

9-② インタビュー前の活動Ⅱ（P.76）

4．インタビュー先を調査しましょう。

　　① インタビュー先〔　　　　　　　　　　　　　　　　　　　〕

　　② インタビュー先のプロフィール

　　③ インタビュー先の特徴（他の候補とは異なる点）

　　④ その他、気付いたこと、わかったこと

　　⑤ 調査していくうえで、わからなかったこと、聞きたいと思ったこと

5．質問項目を考え、P.59のインタビューシートに記入しましょう。

6．インタビューの役割分担を決め、P.59のインタビューシートに記入しましょう。

7．P.59のインタビューシートを完成させましょう。

時限		科目名		日付	年　　　　月　　　　日
学籍番号			名前		

9-③ インタビューシート（P.79）

● 自己紹介

「こんにちは（はじめまして）。　○○大学○○学部○○学科の

・　　　　　　　　・　　　　　　　　・　　　　　　　　（フルネーム）です。」

● インタビューを受けてくれた感謝の気持ち

「　　　　　　　　　　　　　　　　　　　　　　　　　　　　　　　　」

● インタビューの目的とどのように活用するかの説明

「　　　　　　　　　　　　　　　　　　　　　　　　　　　　　　　　」

● 録音・撮影の許可（ある場合）

「　　　　　　　　　　　　　　　　　　　　　　　　　　　　　　　　」

● 質問内容

項目（テーマ）1〔　　　　　　　　　　　　　　　　　　　　　　　　〕

・　　　　　　　　　　　　　　　　質問者：　　　　メモ：

・　　　　　　　　　　　　　　　　質問者：　　　　メモ：

・　　　　　　　　　　　　　　　　質問者：　　　　メモ：

項目（テーマ）2〔　　　　　　　　　　　　　　　　　　　　　　　　〕

・　　　　　　　　　　　　　　　　質問者：　　　　メモ：

・　　　　　　　　　　　　　　　　質問者：　　　　メモ：

・　　　　　　　　　　　　　　　　質問者：　　　　メモ：

項目（テーマ）3〔　　　　　　　　　　　　　　　　　　　　　　　　〕

・　　　　　　　　　　　　　　　　質問者：　　　　メモ：

・　　　　　　　　　　　　　　　　質問者：　　　　メモ：

・　　　　　　　　　　　　　　　　質問者：　　　　メモ：

項目（テーマ）4〔　　　　　　　　　　　　　　　　　　　　　　　　〕

・　　　　　　　　　　　　　　　　質問者：　　　　メモ：

・　　　　　　　　　　　　　　　　質問者：　　　　メモ：

・　　　　　　　　　　　　　　　　質問者：　　　　メモ：

● お礼の言葉

「　　　　　　　　　　　　　　　　　　　　　　　　　　　　　　　　」

時限		科目名			日付	年	月	日
学籍番号			名前					

9- ④ インタビューの練習 （P.79）

　質問者と質問相手に分かれ、インタビューを行って下さい（10 分）。

1.　以下の質問を発展させ、対話をしましょう（1 つの質問で最低 1 分間会話をしてみて下さい）。必要ならばメモをとりましょう。

　　① なぜこの大学を選んだのですか

　　② なぜこの学科を選んだのですか

　　③ 好きな授業は何ですか

　　④ 大学生活は楽しいですか

　　⑤ 大学以外の時間は何をしていますか

　　⑥ 今、興味のあることを教えて下さい

　　⑦ 将来の夢を教えて下さい

　　⑧ 自由質問〔　　　　　　　　　　　　　　　　　　　　　　　　　　　　　〕

2.　質問者・質問相手・チェック者に分かれましょう。チェック者は、質問者が 1. の質問中に聞き取りのテクニックができているか、正の字でカウントしましょう。

　あいづち〔　　　　　　　　　　　　　　　　　　　　　　　　　　　　　　　〕

　繰り返し〔　　　　　　　　　　　　　　　　　　　　　　　　　　　　　　　〕

　言い換え〔　　　　　　　　　　　　　　　　　　　　　　　　　　　　　　　〕

3.　メモをとる練習をしましょう。

　メモをとりながら以下の電話を受けましょう。

〔自宅で 1 人留守番をしているときに、母に同窓会の案内の電話がかかってきた〕

発信者：もしもし、佐藤桃子さんのお宅でしょうか。

　　　　私は桃子さんと同期の近藤花子ですが、桃子さんはいらっしゃいますか？

受信者：（母は留守であることを伝える）

発信者：今度開かれる同窓会のことでお知らせしたいことがあってお電話しました。いらっしゃらないようですので、伝言をお願いします。

2023 年 10 月 18 日に東京シティホテルで○○大学○○学部○○学科の同窓会が開かれます。費用は 10,000 円です。懐かしい先生方もたくさんご出席になりますので、ぜひご参加ください。参加の締め切りは 8 月 31 日ですので、それまでに幹事にご連絡ください。 連絡先は＊＊ー＊＊＊ー＊＊＊＊です。 それでは連絡をお待ちしています。

時限		科目名			日付		年　　　月　　　日
学籍番号			名前				

9-⑤ インタビュー中メモ用紙（P.79）

※必ずしも以下のメモ用紙の通りの対話にする必要はありません。

テーマ番号（　　）〔　　　　　　　　　　　　　　　　　（事前に記入）〕

質問1　　　　　　　　　　　　　　　　　　　　　　（事前に記入）
担当：

回答メモ

質問1の発展（回答を聞いて疑問に思ったことなどをメモし、さらに質問しましょう）
〔　　　　　　　　　　　　　　　　　　　　　　　　　　　　　　〕

回答メモ

発展の発展（さらに質問を広げたり、深めたりしましょう）
〔　　　　　　　　　　　　　　　　　　　　　　　　　　　　　　〕

回答メモ

必要なテーマ数に合わせて、足りない分は印刷しましょう。

（https://www.gakujutsu.co.jp/text/isbn978-4-7806-1096-3/support/9-5.pdf）

質問２   （事前に記入）

担当：

回答メモ

質問 ２ の発展（回答を聞いて疑問に思ったことなどをメモし、さらに質問しましょう）

〔   〕

回答メモ

発展の発展（さらに質問を広げたり、深めたりしましょう）

〔   〕

回答メモ

質問３   （事前に記入）

担当：

回答メモ

質問 ３ の発展（回答を聞いて疑問に思ったことなどをメモし、さらに質問しましょう）

〔   〕

回答メモ

発展の発展（さらに質問を広げたり、深めたりしましょう）

〔   〕

回答メモ

時限		科目名		日付	年　　　月　　　日
学籍番号			名前		

10-① 発表資料の作り方 （P.82）

1. テーマについて知っていることや調べたこと、もっと知りたいことなどをできるだけたくさん書きましょう。

知っていること

調べたこと

さらに知りたいこと

考えたこと

　書き出したものの中から、聞き手に伝えたいことに○を付けましょう。必要があれば、さらに調査を続けましょう。

2. レジュメのメモを作成しましょう。

テーマ	
発表の背景	
発表の目的	
資料・データ	
考察	
結論	
展望	
参考文献	

時限		科目名			日付		年	月	日
学籍番号				名前					

3. 発表を評価しましょう。　　　　　　　　評価者名前

発表者	
声の大きさ	5 － 4 － 3 － 2 - 1
発音の明瞭さ	5 － 4 － 3 － 2 - 1
話すスピード	5 － 4 － 3 － 2 - 1
声の抑揚	5 － 4 － 3 － 2 - 1
視線	5 － 4 － 3 － 2 - 1
姿勢	5 － 4 － 3 － 2 - 1
時間	5 － 4 － 3 － 2 - 1
資料の見やすさ	5 － 4 － 3 － 2 - 1
コメント	よかったところ 直した方がよりよくなるところ

評価者名前

発表者	
声の大きさ	5 － 4 － 3 － 2 - 1
発音の明瞭さ	5 － 4 － 3 － 2 - 1
話すスピード	5 － 4 － 3 － 2 - 1
声の抑揚	5 － 4 － 3 － 2 - 1
視線	5 － 4 － 3 － 2 - 1
姿勢	5 － 4 － 3 － 2 - 1
時間	5 － 4 － 3 － 2 - 1
資料の見やすさ	5 － 4 － 3 － 2 - 1
コメント	よかったところ 直した方がよりよくなるところ

(https://www.gakujutsu.co.jp/text/isbn978-4-7806-1096-3/support/10-1.pdf)

時限		科目名		日付		年	月	日
学籍番号			名前					

11-① ディスカッション（P.94）

　p.94 の失敗例１～５の改善例を考えましょう。

　その際、誰がどのようにした方が良かったか、誰がどのような発言ができれば良かったかなどに着目しましょう（具体的な発言が書ける場合は書いてみましょう）。

失敗例１

失敗例２

失敗例３

失敗例４

失敗例５

11-② ディスカッションチェックシート（P.93、P.110）

自己チェック・他己チェック（○で囲む）

チェック相手の名前（　　　　　　　　　　　　　　）　役割（　　　　　　　　）

発言回数（正の字カウント）（相槌や同意・役割上の発言など、自分の考えを含まない発言は含めない）

〔　　　　　　　　　　　　　　　　　　　　　　　　　　　　　　　〕

個人

項目	○　△　×
喋るときは全員の顔を見ているか	
声の大きさ・聞き取りやすさは十分か	
発言している人の顔を見て、話を聞く姿勢ができているか	
話を聞くときに相槌をしているか	
自主的に発言ができているか	
自分の意見を押し付けず、人の意見を踏まえた会話ができているか	
自分の役割ができているか	
敬語で話せているか	

〔○できていた〕〔△時々できていなかった〕〔×全くできていなかった〕

グループ　　　　　　　　　　　　チェックグループ名（　　　　　　　　　　　）

項目	○　△　×
明らかに関係のない話に脱線していないか	
話し合いに参加していない人がいないか	
時間内にまとまっているか・早く終わりすぎていないか	
(1) 反対意見・(2) 質問・(3) 異なった視点からの発言があるか (1)〜(3) 全て満たしていたら○	
発言量の偏りがないか	
全員の意見が反映されているか	

〔○できていた〕〔△できていなかったが、努力していた〕〔×できていなかった〕

〈良かったところ〉　　　　　　　〈改善した方がいいところ〉

(https://www.gakujutsu.co.jp/text/isbn978-4-7806-1096-3/support/11-2.pdf)

時限		科目名		日付		年　　　月　　　日
学籍番号			名前			

12-① 自己分析（P.97）

1. あなたの特徴を自由に書き出してみましょう。
   【例：趣味は映画鑑賞】

2. 他の人にあなたの特徴を質問してみましょう。

3. 以下の質問に答えましょう。
(1) あなたはどのような人と働きたいと思いますか？
   【例：元気な人】

(2) あなたが（1）に書いたような人と働きたいということを相手に伝えるには、どのように
   説明をすれば良いと思いますか？
   【例：元気な人と働きたい→サークル活動での○○のできごとを例に説明する】

時限		科目名		日付	年　　　月　　　日
学籍番号			名前		

12-② 自分史（P.97）

1. 例を参考に、過去10年分のあなたの歴史をグラフにまとめましょう。10年前の気分を
   0としたとき、その後どのように気分が変化したのか記入しましょう。

（例）

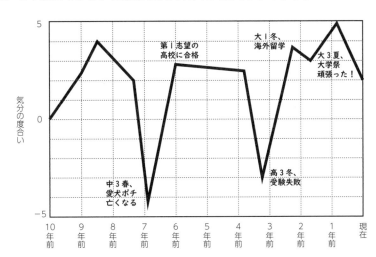

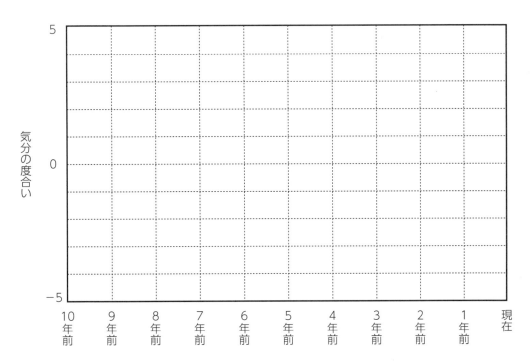

2. 作成したグラフをもとに、あなたがどのようなことに取り組んできたか、どのようなこと
　に気持ちを動かされてきたのかを、年月順にまとめましょう。

年・月	できごと	どう思ったか
例： 2013年 4月	中学校の生徒会役員に立候補 立候補の演説を行った	緊張したが、大勢の前で話すことに 初めて挑戦できたので良かった

時限		科目名			日付		年　　月　　日		
学籍番号				名前					

12- ③ 自己 PR のエピソード（P.98）

　自分がこれまでに頑張ってきたことや熱中したことについて、その場にいなかった人にも伝わるように、状況を整理しましょう。5W1H を意識して書くのも手段の１つです（もちろんただのメモ書きでも OK）。また、そのエピソードの中で、特にあなた自身が行ったことを書いてみましょう。

エピソード	自身の行動
例：When(いつ)…大学２年生の秋　Where(どこで)…飲食店のアルバイト Who(誰と)…先輩　　What(何を)…業務マニュアルの作成 Why(なぜ)…業務が口伝えのみで新人に教えられていて、人によって教える内容が違ったり教えるべき内容が伝わっていなかったりしたから How(どのように)…「いつ何の仕事をすれば良いか」を４ページにまとめ、いつでも見られるように控室に置いておいた	発案と、マニュアルにまとめる作業（何が正しい業務かの確認や意見出しは先輩に協力してもらった）

(https://www.gakujutsu.co.jp/text/isbn978-4-7806-1096-3/support/12-3.pdf)

12-④ 自己 PR の長所（P.99）

1. 下の中から、自分の長所に当てはまると思う言葉を 3 つ選びましょう（エピソードを先に
考えている場合は、エピソードに合う長所を選びましょう）。もちろん、ここにある言葉
以外で思い付く長所があればそれでも構いません。

```
計画的　論理的　楽観的　効率的　独創性　協調性　主体性　柔軟性　規律性　好奇心
向上心　創造力　傾聴力　企画力　実行力　継続力　熟考力　働きかけ力　課題発見力
発信力　状況把握力　コミュニケーション能力　ストレスコントロール力　粘り強さ
明るさ　責任感　誠実　几帳面　リーダーシップ　挑戦　温和　他者目線
```

「＿＿＿＿＿＿＿＿＿」「＿＿＿＿＿＿＿＿＿」「＿＿＿＿＿＿＿＿＿」

2. 選んだ言葉が具体的にどのような長所であるのか、1 行程度で言い換えてみましょう（エ
ピソードを先に考えている場合は、その内容に合った言い換えをしてみましょう）。

●選んだ言葉「　　　　　　　　　　例：傾聴力　　　　　　　　　　」

　⇒　例：積極的に質問したりすることで、相手が話しやすい雰囲気を作ることができる＿＿＿

●選んだ言葉「　　　　　　　　　　　　　　　　　　」

　⇒＿＿＿＿＿＿＿＿＿＿＿＿＿＿＿＿＿＿＿＿＿＿＿＿＿＿＿＿＿＿＿＿＿＿＿＿＿＿

●選んだ言葉「　　　　　　　　　　　　　　　　　　」

　⇒＿＿＿＿＿＿＿＿＿＿＿＿＿＿＿＿＿＿＿＿＿＿＿＿＿＿＿＿＿＿＿＿＿＿＿＿＿＿

●選んだ言葉「　　　　　　　　　　　　　　　　　　」

　⇒＿＿＿＿＿＿＿＿＿＿＿＿＿＿＿＿＿＿＿＿＿＿＿＿＿＿＿＿＿＿＿＿＿＿＿＿＿＿

時限		科目名		日付	年　　　月　　　日
学籍番号			名前		

12- ⑤ 自己 PR のアウトライン（P.99）

自己 PR のアウトラインを作成しましょう。

① 長所	
② 概要	
③ 困難	
④ 行動	
⑤ 結果	
⑥ まとめ	
⑦ 貢献	

（https://www.gakujutsu.co.jp/text/isbn978-4-7806-1096-3/support/12-5.pdf）

時限		科目名		日付		年　　　月　　　日
学籍番号			名前			

12-⑥ 自己PR （P.103)

　あなたの強みをアピールしましょう（文字数指定なし。枠内に収まるように書いてください）。

（下書き）

（清書）

(https://www.gakujutsu.co.jp/text/isbn978-4-7806-1096-3/support/12-6.pdf)

時限		科目名		日付		年　　　月　　　日
学籍番号			名前			

12-⑦ 業界研究・企業研究（P.103）

気になる業界や企業のことを調べましょう（必ずしも質問に沿って回答する必要はありません）。

どのような業界や企業がありますか？　気になる業界・企業を書き出してみましょう。

その業界・企業の特徴はどのような点ですか？

気になった企業を同業他社と比較してみましょう。

企業名			
企業理念 （企業の目標）			
主要商品・サービス			
中長期ビジョン			
求める人材			

(https://www.gakujutsu.co.jp/text/isbn978-4-7806-1096-3/support/12-7.pdf)

気になった企業を同業他社と比較してみましょう。

企業名			
本社 所在地			
資本金			
従業員数			
社員の 平均年齢			
営業所の 場所			
取引銀行			
福利厚生			
その他			

あなたの考えに合致していたり、あなたが共感したりした特徴は何ですか？

気になる業界・企業を取り巻く社会状況や問題点はありますか？　それはどのようなものですか？
（例）AI に取って代わられそう／キャッシュレス化が進むと不利？

その他、気になった事柄を書き留めておきましょう。

時限		科目名		日付		年　　　月　　　日
学籍番号			名前			

12-⑧ 志望動機のアウトライン（P.104）

志望動機のアウトラインを作成しましょう。

① 自分の考え	
② きっかけ	
③ 入社後にやりたいこと	

(https://www.gakujutsu.co.jp/text/isbn978-4-7806-1096-3/support/12-8.pdf)

時限		科目名		日付		年　　　月　　　日
学籍番号			名前			

12-⑨ 志望動機（P.106）

企業を志望した動機を書きましょう（文字数指定なし。枠内に収まるように書いてください）。

（下書き）

（清書）

（https://www.gakujutsu.co.jp/text/isbn978-4-7806-1096-3/support/12-9.pdf）

時限		科目名		日付		年　　　月　　　日
学籍番号			名前			

12-⑩ 面接の練習（P.108）

　面接の様子を評価しましょう。あるいは、他の人（面接官役の人・面接の様子を見学している人など）に評価してもらいましょう。

評価者（　　　　　　　　　　　　　　　）

項目	5段階評価
身だしなみや態度は適切であったか	
姿勢よく、笑顔で相手の方を見て話せていたか	
声の大きさや話す速さ、言葉遣いは適切であったか	
（覚えてきた内容をただ話すのではなく） 自分の言葉で相手に伝わるように説明できていたか	
質問の内容に対して適切に回答ができていたか（訊かれたことと関係のない内容を話していなかったか・質問に対して沈黙してしまわなかったか、など）	
【集団面接】自分ばかり話し過ぎていないか	
【集団面接】他の人の回答を聞くことができているか（うなずきや相槌、「先ほどの方もおっしゃっていましたが」などの発言があるか）	

＜自由記述欄＞

（https://www.gakujutsu.co.jp/text/isbn978-4-7806-1096-3/support/12-10.pdf）

時限		科目名		日付		年	月	日
学籍番号				名前				

13- ① 《書きことば》と《話しことば》(P.112)

　以下の文を《書きことば》に直しましょう。

(1) あのお店は美味しいってよく聞く。

_____

(2) お金と愛と、どっちの方が大切か、いつも考えてる。

_____

(3) 今のままでもとてもいいけど、いろんな視点で考えたらもっとよくなる。

_____

(4) 英語力をちょっと盛って話しちゃったせいで、英語のスピーチをしなくちゃいけなくなった。

_____

(5) スイカは夏にしか食べらんないものだし、あと、身体を冷やす効果もある。

_____

(6) 教科書に書いてあることはだいたいわかった。なので、全然できると思う。

_____

(7) 環境問題はとてもたくさんの問題を抱えてるけど、だんだん解決しなくちゃいけないことだなと思った。

_____

(8) 大学祭の展示が他のクラスと被ったから、変えなくちゃいけない。

_____

(9) 授業課題のレポートが難しかったけど、頑張って完成させた。

_____

13-②《常体》の練習（P.114）

　以下の文を《常体》に統一しましょう。

（1）大学では、特に語学に力を入れて勉強しており、来年の夏には留学する予定です。

_____

（2）ただ、私は、語学の習得だけを目的として、留学したいと思っているのではありません。

_____

（3）留学先の国の文化を学びたいと思っていますし、日本の文化を伝えたいとも思っています。

_____

_____

（4）このクラスにも、語学に興味をもっている人がいるでしょう。

_____

（5）みなさんの好きなことや興味のあることも知りたいです。

_____

《敬体》の練習（P.114）

　以下の文を《敬体》に統一しましょう。

（1）今年の夏休みに長期旅行をする。

_____

（2）行きたい場所はまだ決まっていないので、一度も行ったことがない場所に行きたい。

_____

_____

（3）楽しい旅行になるとうれしい。

_____

時限		科目名		日付		年　　　月　　　日
学籍番号			名前			

13-③ ねじれ文の修正（P.117）

次の文を直してください。

(1) 私は朝ごはんにパンと目玉焼きだった。

_____

(2) 遠隔授業の問題点は、個々の習熟度に合わせた柔軟な指導が困難である。

_____

_____

(3) コミュニケーションに必要なのは、自分の考えを言葉にすることができるだけでなく、相手の話を理解する力が備わっていなければならない。

_____

_____

_____

(4) 小学生がスマートフォンを持つことの問題は、犯罪に巻き込まれてしまったり、目には見えないいじめに繋がったりするという問題がある。

_____

_____

_____

時限		科目名			日付		年　　　月　　　日
学籍番号				名前			

13-④ ら抜きことば・れ足すことば・さ入れことば（P.118）

1. 次の文章の下線部の活用形を１つ選んで、記号で答えましょう。２回使う記号もあります。

　　私は、毎月１日に、故郷の両親に手紙を ① 書く。両親から「手紙を ② 書け」と言われたわけではない。けれども、手紙を ③ 書けば、必ず返事が返ってくるから、両親は私からの手紙を楽しみにしていてくれるのだろう。④ 書く内容は、日常の他愛ないことばかりだ。⑤ 書き始めると、「あれも ⑥ 書こう。これも書こう。」という気分になり、あっという間に時間が過ぎる。最近は習慣になっていて、手紙を ⑦ 書かないと落ち着かなくなってきた。

①（　　　）②（　　　）③（　　　）④（　　　）⑤（　　　）⑥（　　　）⑦（　　　）
ア　未然形　　イ　連用形　　ウ　終止形　　エ　連体形　　オ　仮定形　　カ　命令形

2. 次の動詞の活用の種類を答えましょう。
　　動く（　　　　　　）　　走る（　　　　　　）　　寝る（　　　　　　）
　　投げる（　　　　　　）　　取る（　　　　　　）　　受ける（　　　　　　）
　　投資する（　　　　　　）　　回す（　　　　　　）　　蹴る（　　　　　　）
　　攻める（　　　　　　）　　食べる（　　　　　　）　　来る（　　　　　　）
　　見る（　　　　　　）　　散る（　　　　　　）　　動ける（　　　　　　）

3. それぞれの動詞を可能表現にしましょう。
　　五段活用の動詞　　買う　　→［　　　　　　］／走る　→［　　　　　　］
　　一段活用の動詞　　着る　　→［　　　　　　］／得る　→［　　　　　　］
　　サ行変格活用の動詞　連絡する　→［　　　　　　］
　　カ行変格活用の動詞　来る　　→［　　　　　　］

4. それぞれの動詞に「せる」か「させる」を接続させましょう。
　　五段活用の動詞　　勝つ　　→［　　　　　　］
　　一段活用の動詞　　降りる　→［　　　　　　］／食べる　→［　　　　　　］
　　サ行変格活用の動詞　連絡する　→［　　　　　　］
　　カ行変格活用の動詞　来る　　→［　　　　　　］

5. 次の文の下線部が「〜デキナイ」という意味になるとき、正しいものには〇をつけ、ら抜きことばは正しく直しましょう。

(1) これ以上迷惑を<u>かけれない</u>。　　　　→　（　　　　　　　　　　　　　）

(2) ペットボトルのキャップを<u>開けれない</u>。　→　（　　　　　　　　　　　　　）

(3) 鍵を忘れて部屋に<u>入れない</u>。　　　　→　（　　　　　　　　　　　　　）

(4) 足が痛くて坂は<u>登れない</u>。　　　　　→　（　　　　　　　　　　　　　）

(5) 暑くて<u>寝れない</u>。　　　　　　　　　→　（　　　　　　　　　　　　　）

6. 次の文の下線部が「〜デキル」という意味になるとき、適切な場合は〇をつけ、間違っている場合は正しく直しましょう。

(1) 速い球を<u>打てれる</u>。　　　　　　　　→　（　　　　　　　　　　　　　）

(2) 速い球を<u>投げれる</u>。　　　　　　　　→　（　　　　　　　　　　　　　）

(3) このペンを使えば字をきれいに<u>書けれる</u>。→　（　　　　　　　　　　　　　）

(4) 新幹線に乗れば東京に<u>行ける</u>。　　　→　（　　　　　　　　　　　　　）

(5) QR コードを<u>読み込めれる</u>。　　　　→　（　　　　　　　　　　　　　）

7. 次の文の下線部が適切な場合は〇をつけ、間違っている場合は正しく直しましょう。

(1) 後ほど資料を<u>読まさせて</u>いただきます。　→　（　　　　　　　　　　　　　）

(2) 後ほど資料を<u>送らさせて</u>いただきます。　→　（　　　　　　　　　　　　　）

(3) 生徒に昨日の宿題を<u>出させる</u>。　　　→　（　　　　　　　　　　　　　）

(4) 部下にマル秘資料を<u>隠させる</u>。　　　→　（　　　　　　　　　　　　　）

(5) 空白の解答欄に答えを<u>書き込まさせる</u>。→　（　　　　　　　　　　　　　）

8. 次の文の下線部について、選択肢の中から適切な解答を１つ選びましょう。

(1) 疲れて何も<u>考えれない</u>。

　　［① 適切である　　② 考えれれない　　③ 考えられない］

(2) 本のページを<u>めくれれない</u>。

　　［① 適切である　　② めくれられない　　③ めくれない］

(3) 期日までにデータを<u>うちこめれない</u>。

　　［① 適切である　　② うちこめない　　③ うちこめられない］

(4) この荷物なら宅急便で<u>送れられる</u>。

　　［① 適切である　　② 送れる　　　　　③ 送られる］

(5) 遅刻常習者にはこれ以上<u>遅れさせない</u>手段を講じる。

　　［① 適切である　　② 遅れさせれない　　③ 遅らせれない］

(6) こんな素材の服は、子どもには<u>着せれない</u>。

　　［① 適切である　　② 着せられない　　③ 着させれない］

時限		科目名			日付		年　　　月　　　日
学籍番号				名前			

9.　次の文の下線部について、選択肢の中から適切な解答を1つ選びましょう。

(1)　子どもを長時間<u>座らさせる</u>なんて無理だ。

　　　[① 適切である　　② 座らせる　　　　③ 座らせられる]

(2)　湯舟に入る前に、子どもにシャワーを<u>浴びさせ</u>ましょう。

　　　[① 適切である　　② 浴びせさせ　　　③ 浴びせ]

(3)　危ないので子どもには1人で爪を<u>切れさせれない</u>。

　　　[① 適切である　　② 切らせられない　　③ 切れさせられない]

(4)　もう少しここに<u>いれれば</u>いいのだが、残念ながら時間がない。

　　　[① 適切である　　② いれれば　　　　③ いられれば]

(5)　ここのところ睡眠がじゅうぶんに<u>とれなかった</u>ので、本調子ではない。

　　　[① 適切である　　② とられなかった　　③ とれれなかった]

10.　次の文の中で不適切なものを1つ選びましょう。

(1)　① 旅行の荷物をスーツケースに入れれた。

　　　② 荷物をメール便で送れた。

　　　③ この本は幅広い世代の人に読まれた。

　　　④ 遅刻をしたので先生に立たされた。

　　　⑤ ボール球を打たされた。

(2)　① 太郎は先生に大学祭の企画書を書かさせられた。

　　　② 先生は太郎に大学祭の企画書を書かせた。

　　　③ 太郎が提出した企画書には厳しいコメントが書かれていた。

　　　④ 太郎は先生に大学祭の企画書を書かされた。

　　　⑤ 昨年度の企画書を参考にしたので、太郎は大学祭の企画書が簡単に書けた。

時限		科目名			日付		年　　　月　　　日
学籍番号				名前			

13-⑤ 接続語の練習（P.123）

次の文に接続語を補い、後に続く文を考えましょう。

「昨日、小学生時代の同級生を久しぶりに見かけた。」

(1) 順接〔よって・そして・したがって・そこで・そのため〕

（　　　　　　　　）_____

解答例：（そのため）小学生の頃を思い出した。

(2) 逆接〔しかし・しかしながら・ところが〕

（　　　　　　　　）_____

(3) 並列・累加〔そして・また・さらに・加えて・しかも〕

（　　　　　　　　）_____

(4) 対比〔あるいは・それとも・または・もしくは〕

（　　　　　　　　）_____

(5) 換言〔つまり・要するに・すなわち〕

（　　　　　　　　）_____

(6) 補足〔なぜなら・ただし〕

（　　　　　　　　）_____

(7) 転換〔さて・ところで・では〕

（　　　　　　　　）_____

13-⑥ 文を短くする練習（P.123）

以下の文を適切な位置で分け、一文を短くしましょう。その際、接続語が補える場合は接続語を補って下さい。

(1) 一文が長いと、何を伝えたいのかわかりにくい文章になるだけでなく、文法の誤用も発生しやすくなる。

_____

_____

（2）体言止めや倒置法などの文学的な表現技法を使用すると、リズミカルで個性的な文章になり、それらを効果的に活用することで印象的な文章を書くことができる。

_____

_____

（3）文章には感想文、意見文、報告文、論説文など様々な種類があるが、知識や経験に基づいて、自分の主張や考えを述べる文章を特に意見文といい、読者がその文章を一読しただけで、筆者の主張は何か、なぜそう考えるのかが明確にわかるように書く必要がある。

_____

_____

_____

_____

（4）数人の友人と旅行計画を立てる際、日本の最も北の北海道と日本の最も南の沖縄でどちらに行きたいか二者択一の意見に分かれたので、なぜ自分はその場所に行きたいのか説明し、反対に、相手はなぜその場所に行きたいのかを聞き、見たいもの、食べたいもの、既に行ったことがあるか、金銭的な問題、季節、移動手段など、様々な理由を考えて話し合い意見を言い合って、旅行に参加する全員の考えを聞いたうえで、旅行先を決定した。

_____

_____

_____

_____

_____

_____

時限		科目名		日付	年　　　　月　　　　日
学籍番号			名前		

13-⑦ 1つの意味に決まる文（P.125）

　以下の文はあいまい文です。意味が1つに決まるように2通りに書き直してみましょう。

（1）四角い鍋の蓋

① _____

② _____

（2）ちょうど今、花子さんと君の話をしていたところだよ。

① _____

② _____

（3）弟が買ってきたお菓子を食べてしまった。

① _____

② _____

（4）全ての宝箱を見つけられなかった。

① _____

② _____

（5）彼女は、カフェで甘いクッキーとコーヒーを頼んだ。

① _____

② _____

(6) 加藤さんは佐藤さんみたいに上手く英語を話せない。

① _____

② _____

(7) 警察官は血相を変えて逃げる犯人を追いかけた。

① _____

② _____

(8) 私は妹と弟が通っている学校の文化祭に行った。

① _____

② _____

(9) 肉だけはだめです。

① _____

② _____

(10) 教師と児童 12 名がインフルエンザで休んでいます。

① _____

② _____

(11) 絶対、チャンピオンに勝ってもらわないと困る。

① _____

② _____

(12) けっこう大きな美術館をゆっくりと時間をかけて回るのも楽しいものである。

① _____

② _____

時限		科目名			日付		年　　　月　　　日
学籍番号				名前			

13-⑧ 説明の順序を工夫する（P.127）

(1) 得意料理（または好きな料理）の作り方を説明しましょう。

〔手順の説明〕

(2) 最寄り駅からこの教室までの道のりを説明しましょう。

〔場所の説明〕

(3) 日本に初めて来た人に日本の物の説明をしましょう。（例：桜・寿司・給食）

〔物の説明〕

(4) 好きな小説（または漫画・アニメ・ドラマ・映画）のあらすじを説明しましょう。

13- ⑨ 説明する要素 (P.128)

　あなたの好きなもの（人、物、曲、スポーツなど何でもよいです）について、説明する要素に注意しながら説明してみましょう。

　あなたのアルバイト先もしくはサークル活動や委員会活動などでのできごとについて、説明する要素に注意しながら説明してみましょう。

具体的に説明するためには (P.129)

　以下の活動をしましょう。

1. あなたの好きな授業（アルバイトやサークル、趣味の活動などでも可）について、相手が思い浮かべられるように説明してみましょう。
2. 聞き手となった人は、聞いたことをもとに、絵で表してみましょう。1 枚の絵でも構いませんし、ストーリーがある場合は 4 コマ漫画のようになっても構いません。上手に絵が描けるかよりも、必要な要素が揃っているかを意識して描きましょう。
   （完成するまで、絵は相手に見せないようにしましょう）
3. 聞き手となった人は、一通り聞き終わったら、さらに細かい情報が必要な部分について質問しましょう。
4. 聞き手の質問に答えながら、自分の説明のどの部分が具体的だったのか、またどのような情報が足りなかったのかを確認しましょう。

時限		科目名			日付		年　　　月　　　日
学籍番号			名前				

13-⑩ 文章を推敲する（P.134）

　以下のチェック表を使いながら書き終わった文章を推敲してみましょう（自己チェックの場合は推敲者の欄は自分の名前を書きましょう）。

テーマ「　　　　　　　　　　　　　　　　　　　」　執筆者（　　　　　　　　　　　）

推敲者（　　　　　　　　　　　）

内容		1回目(○or×)	2回目(○or×)
誤字・脱字がないか			
書きことばに統一されているか	(P.112)		
一人称の書き方は適切か	(P.31)		
文体が統一されているか（常体または敬体）	(P.114)		
省略語はないか	(P.115)		
体言止め・倒置法はないか	(P.116)		
ねじれ文はないか	(P.117)		
ら抜き・れ足す・さ入れことばは使われていないか	(P.118)		
一文は60字以内か	(P.123)		
意味が一通りに決まる文になっているか	(P.125)		
説明は具体的か	(P.126)		
「思う」が多用されていないか	(P.31)		
引用の方法は正しいか	(P.35)		
参考文献の書き方は正しいか	(P.38)		
原稿用紙の使い方は正しいか	(P.131)		
文字数など、体裁を守っているか	(P.134)		

（https://www.gakujutsu.co.jp/text/isbn978-4-7806-1096-3/support/13-10.pdf）